COLLECTION DES CLASSIQUES POPULAIRES

LES CHRONIQUEURS

PREMIÈRE SÉRIE

VILLEHARDOUIN — JOINVILLE

d'après Delacroix

Entrée des Croisés à Constantinople.

COLLECTION DES CLASSIQUES POPULAIRES

LES CHRONIQUEURS

PREMIÈRE SÉRIE

VILLEHARDOUIN — JOINVILLE

PAR

ANTONIN DEBIDOUR
INSPECTEUR GÉNÉRAL DE L'ENSEIGNEMENT SECONDAIRE

Un volume orné de plusieurs gravures

Nouvelle édition.

PARIS
LECÈNE, OUDIN ET Cie, ÉDITEURS
17, RUE BONAPARTE, 17

1892

A MES TROIS FILS

LOUIS, ANTONIN et ÉLIE DEBIDOUR

A. D.

AVANT-PROPOS

Il n'est pas de nation plus riche que la nôtre en chroniques et en mémoires. Le Français, comme l'ancien Gaulois, aime passionnément à conter. Aussi ne s'en est-il pas fait faute depuis sept ou huit siècles qu'il a une langue à lui. Chez nous, quiconque a pu prendre part de près ou de loin à des événements importants, ou simplement en fréquenter les auteurs, a cru devoir en tracer le récit pour la postérité. Tous nos mémorialistes et nos chroniqueurs n'ont pas été (bien s'en faut) des écrivains de marque. Beaucoup d'entre eux ne sont depuis longtemps que pâture d'érudits. Mais le nombre est grand de ceux que leur mérite historique et littéraire a désignés et recommande encore à la faveur du public. Malheureusement, notre idiome a subi, en passant du moyen âge à l'ère moderne et contemporaine, des modifications si profondes, que les plus anciens de ces auteurs — et non les moins illustres — sont traités en étrangers par la grande majorité des Français qui savent lire. Les gens instruits ne sont point déroutés par les écrivains du dix-septième siècle. Les lettrés déchiffrent même tant bien que mal ceux du seizième. Ceux qui datent de plus loin ne sont guère connus que par ouï-dire. On sait bien qu'il y a eu un anecdotier charmant qui s'appelait Joinville et un conteur inimitable qui se nommait Froissart. Mais on les admire de confiance. On ne nie pas que leurs livres ne recèlent de véritables trésors. Mais on aime mieux le croire que d'y aller voir.

Depuis quelques années cependant, la jeunesse, grâce à des programmes d'études plus larges que ceux d'autrefois, s'initie peu à peu aux mystères grammaticaux du vieux français. Mais il faudra bien longtemps pour que nos chroniqueurs — comme nos poètes — du moyen âge ne paraissent plus barbares et soient lus par la classe éclairée *comme ils méritent de l'être, c'est-à-dire dans leur texte original. Voilà pourquoi des ouvrages comme celui que nous offrons au public ont encore leur utilité. Prendre pour types des auteurs tels que Villehardouin, Joinville, Froissart et Commines, retracer fidèlement leurs vies, analyser leurs livres avec exactitude, discuter leur autorité, exposer leurs caractères et leurs idées, mettre en lumière leurs qualités d'écrivains, les faire parler et agir devant le lecteur par de fréquents extraits de leurs ouvrages, tel est le programme que nous nous sommes tracé. De plus, au lieu de présenter isolément et sans liens ces quatre grands noms, nous les avons rattachés entre eux en retraçant — sommairement — les périodes littéraires qui les séparent et les œuvres historiques qu'elles ont produites. Le lecteur pourra suivre ainsi sans interruption l'art de la chronique en France, dans ses origines, ses progrès, ses transformations, de la fin du onzième au commencement du seizième siècle.*

Nous souhaitons que cette étude lui soit profitable. Pour nous, tout en écartant de ce livre un appareil d'érudition qui n'y serait pas de mise, nous nous sommes fait une obligation de n'en puiser les éléments qu'aux sources les plus sûres. En ce qui concerne surtout les quatre auteurs plus haut mentionnés, nous avons eu recours aux textes les mieux établis et aux données les moins contestées de la science moderne. Pour Villehardouin et Joinville, c'est aux belles éditions de Natalis de Wailly que nous avons emprunté nos citations et la traduction qui les accompagne. La langue de ces deux auteurs diffère tellement de la nôtre qu'il nous a paru nécessaire de faire suivre d'une version en français moderne à peu près tout ce que nous avons reproduit de leurs mémoires. Quant à Froissart et à Commines, ils sont sans doute un peu moins malaisés à déchiffrer que leurs devanciers. Mais ils le sont encore assez pour rebuter beaucoup de lecteurs. Nous avons traduit nous-même nos extraits de ces deux auteurs. Ceux de Froissart proviennent de l'édition Kervyn de Lettenhove ; ceux de Commines, de l'édition Chantelauze.

Nous n'avons point voulu reproduire dans ces deux volumes d'opinions toutes faites. Celles que nous avons émises de notre chef ne sont point sans doute inattaquables. Nos jugements sont consciencieux, voilà tout. Puissent-ils inspirer à ceux qui parcourront cet ouvrage le désir de lire en entier nos vieux chroniqueurs nationaux ! Ce sera notre meilleure récompense.

A. D.

LES CHRONIQUEURS FRANÇAIS

DU MOYEN AGE

CHAPITRE PREMIER

ORIGINES DE LA CHRONIQUE EN LANGUE VULGAIRE.

Si, dans l'étude que l'on va lire, nous ne sommes pas remonté plus haut que le XIIIe siècle, ce n'est pas que la France ait manqué de chroniqueurs avant cette époque. Elle en a eu au contraire un très grand nombre, dont quelques-uns d'un réel mérite. Mais ils n'écrivaient qu'en latin et leurs œuvres, enfouies dans les monastères, n'étaient guère lues que de quelques gens d'Eglise. Ce n'est donc pas d'eux que la foule tenait — directement du moins — le peu qu'elle savait de notre passé. Du reste, après Grégoire de Tours, Frédégaire et ses continuateurs qui, du sixième au huitième siècle, avaient retracé dans leur ensemble les destinées de la Gaule franque, l'histoire, grâce à la barbarie du temps, s'était pour ainsi dire éparpillée en monographies ou récits de peu d'étendue, consacrés à un lieu ou à une personnalité déterminée. On exposait, comme Eginhard et le moine de Saint-Gall, les guerres et le gouvernement de Charlemagne, on écrivait, en prose ou en vers, comme Nithard, Thégan, l'*Astronome limousin*, et Ermold le Noir, la vie agitée de Louis le Débonnaire ; on rédigeait dans certains couvents de sèches annales, comme celles de *Saint-Bertin* et de *Saint-Arnoult-de-Metz* ; le moine Frodoard composait l'histoire détaillée de l'*Eglise de Reims* ; d'innombrables biographies de saints s'accumulaient dans les bibliothèques monastiques. A partir du XIe siècle, il est vrai, une sorte de renaissance littéraire devint sensible en France. Il en résulta des ouvrages plus considérables et d'un plus grand intérêt, comme la *Chronique* de Raoul Glaber et celle de Richer, comme les beaux livres de Guillaume de Jumièges et d'Orderic Vital sur *les Normands*, enfin comme la grande *Histoire des Croisades* par Guillaume de Tyr. Dans le même temps des compilateurs patients cherchaient à réunir en un seul corps, pour les mettre à la portée de tous, les éléments de notre histoire nationale, épars dans cent dépôts divers. Ce travail, ébauché par Aimoin vers l'an 1000, était repris avec plus d'ampleur et de succès en 1165 et en 1205 par deux auteurs anonymes, dont le premier était un moine de Saint-Germain-des-Prés. Mais si de pareils livres pouvaient intéresser les quelques milliers de *clercs* qui savaient le latin, ils étaient ignorés du public, qui, depuis bien longtemps, ne parlait et n'entendait plus cette langue. La France au XIIe siècle n'était pas moins qu'aujourd'hui curieuse de son histoire. Mais elle ne lisait pas les manuscrits des moines, et si elle célébrait chaque jour son passé, c'était dans l'idiome vulgaire qu'elle s'était fait elle-même, dans ce français encore naïf et gauche, mais si clair et si vif, qu'écrivaient les trouvères et que chantaient les ménestrels.

La grande majorité de nos aïeux ne savaient d'histoire, à cette époque, que ce que leur en apprenaient les *Chansons de gestes*. C'était peu, mais cela leur suffit tant qu'ils purent croire que dans les poèmes la part de la fable n'excédait pas celle des traditions nationales. Quand ils n'y trouvèrent plus que des fictions, ils demandèrent la vérité à des récits plus froids, moins dramatiques, mais plus fidèles. C'est alors que naquit la Chronique en langue vulgaire.

Les *Chansons de gestes* (1) sont des épopées fran-

(1) Le mot *geste* signifiait d'abord *actions* ou *exploits* des héros ou d'une famille; plus tard on l'appliqua aussi à la *famille* dont on

çaises retraçant avec plus ou moins d'ampleur et d'éclat les exploits de certains héros alors très populaires dans la société féodale. C'est vers la fin du onzième siècle et dans la première moitié du douzième que ce genre littéraire atteignit en France à son apogée. — A quelle époque prit-il naissance? Il est impossible de le dire. Dès l'antiquité, les bardes gaulois célébraient par des chants, dans les fêtes publiques ou privées, la gloire de leur nation. Cette coutume, modifiée par le christianisme et par l'établissement des Barbares en Gaule, n'avait pas disparu. Des harpeurs bretons colportaient encore au VIe et au VIIe siècle de vieilles traditions celtiques. Les Germains avaient, d'autre part, apporté dans notre pays ces légendes guerrières que leurs *scaldes* ou poètes leur chantaient d'ordinaire dans les festins ou dans les combats. Ils en avaient réuni de nouvelles. Charlemagne, au dire d'Eginhard, en fit faire un recueil, qui était comme l'histoire populaire de la nation franque. — Sous les Mérovingiens et même sous les Carlovingiens, les rois et les grands avaient souvent à leur service des chantres dont le répertoire comprenait un plus ou moins grand nom-

célébrait les hauts faits. On disait, par exemple, la *geste de Charlemagne* ou *de Doon de Mayence*, pour la *famille de Charlemagne* ou *de Doon de Mayence*.

bre de ces récits. L'Eglise, d'autre part, concourait, elle aussi, à la propagation des souvenirs historiques par des légendes religieuses que le peuple répétait parfois en dansant, comme celle de saint Faron, composée vers 622. Instinctivement la nation, surtout lorsqu'elle eut une langue à elle, c'est-à-dire à partir du neuvième siècle, prit l'habitude de célébrer par de petites pièces rythmées tous les événements qui faisaient sur elle quelque impression. Ces compositions, appelées *cantilènes*, avaient pour sujet une bataille, un miracle, la vie ou la mort d'un roi, d'un évêque, d'un saint. C'est sous cette forme brève et facile qu'on chantait, dès le IXe siècle, les exploits de Roland et de Charlemagne. Peu à peu, les cantilènes se multipliant et surtout s'allongeant, il devint plus malaisé de les retenir. Les *trouvères*, c'est-à-dire les auteurs, non contents de les transformer en poèmes d'une certaine étendue, les rapprochèrent les uns des autres, s'ingénièrent à établir entre elles une certaine connexion et à faire de ces épisodes épars un récit continu, véritablement épique. Puis, recueillant eux-mêmes des traditions encore non écrites, ils firent de toutes pièces des épopées. Ces *Chansons de gestes*, parfois ils les chantaient et les colportaient eux-mêmes. Mais plus souvent ils les vendaient aux *jongleurs* ou *ménestrels*, sortes de bateleurs musiciens, qui les apprenaient par cœur et s'en faisaient un gagne-pain. C'est en plein air, sur les places publiques, que ces coureurs de pays faisaient souvent entendre leurs *laisses* (ou couplets) en s'accompagnant de la *vielle* ou d'un instrument alors très populaire et nommé *cymphonie*. Mais ils préféraient chanter dans les châteaux, où leur arrivée était saluée comme une fête et où ils faisaient de meilleures recettes. Le monde féodal, dont ils célébraient les exploits, les recherchait et les payait bien. Les jongleurs étaient de tous les tournois, de tous les mariages. Souvent ils entraient au service des seigneurs, les accompagnaient à la guerre et, au moment du combat, relevaient les courages par quelque chant approprié à la circonstance. Certains d'entre eux étaient même de braves hommes d'armes et ne se contentaient pas d'exciter les autres à bien faire. Tel ce Taillefer, qui marchait en tête de l'armée normande à la bataille de Hastings, et qui supplia qu'on lui permît de frapper le premier coup.

Taillefer qui mult bien cantoit,
Sur un ceval ki tost alloit
Devant le duc alloit cantant
De Karlemaine et de Rollant
Et d'Olivier et des vassaux
Ki morurent à Renchevaux...
Jo vos ai lungement servi...
Otreiez mei, ke jo n'i faille,

Le primier colp de la bataille.
Et li dus respont : Je l'otrei... (1).

Traduction. « Taillefer, qui très bien chantait, — Sur un cheval qui vite allait — Devant le duc allait chantant — De Charlemagne et de Roland. — Et d'Olivier et des vassaux — Qui moururent à Roncevaux... — Je vous ai longuement servi (*dit-il*)... — Octroyez-moi, que je n'y manque — Le premier coup de la bataille. — Et le duc répond : Je l'octroie... »

Il ressort de ce passage que, dès 1066, l'épopée de Roland était déjà populaire. Peut-être même, ainsi que certaines autres (comme celle de Raoul de Cambrai), l'était-elle depuis longtemps. Mais nous n'avons point ces poèmes sous leur forme primitive. La *Chanson de Roland*, telle que nous la possédons, est le plus ancien texte de Chanson de geste que nous ayons. Elle date vraisemblablement des dernières années du XIe siècle. A partir de cette époque, les épopées françaises se multiplient rapidement et forment bientôt plusieurs *cycles* ou groupes, dont chacun a pour centre ou sujet principal un héros ou une famille de héros. Charlemagne, dont le souvenir est alors si vivace et dont le nom revient sans cesse sous la plume des trouvères, a

(1) Robert Wace, *Roman de Rou*, vers 13, 149.

donné lieu au plus célèbre, qu'on appelle le *Cycle du roi*, et où, à côté de la *Chanson de Roland*, on trouve *Aspremont*, *Fierabras*, *Gui de Bourgogne* et autres poèmes non moins célèbres. Certains de ses lieutenants, personnages à moitié fabuleux, comme *Garin de Montglane* et *Doon de Mayence*, ont également le leur. Les épopées comprises dans ces différentes catégories sont généralement l'expression d'un sentiment très vif d'admiration pour le grand empereur. Elles ont un caractère monarchique qu'on ne trouve pas dans d'autres cycles, comme celui des Lorrains (*Garin le Loherain*, *Gilbert de Metz*, etc.), celui du Nord (*Raoul de Cambrai*, etc.) ou celui de Bourgogne (*Girart de Roussillon*, etc.), où éclatent au contraire la rudesse et l'orgueil anarchique du monde féodal. Partout se fait remarquer un sentiment religieux et chrétien dont l'explosion et la puissance sont surtout sensibles dans les chansons de gestes qu'inspira, au XIIe siècle, le souvenir de la première croisade (*La Chanson d'Antioche*, *Jérusalem*, etc.) (1).

Nous n'avons pas à nous étendre sur cette littérature si riche, si touffue, si grandiose. Nous n'avons à

(1) Voir sur cette question des Chansons de gestes, le bel ouvrage de M. Léon Gautier (*Les Épopées françaises*, Paris, 1865-1868, 3 vol. in-8°), et surtout le premier volume.

nous attacher ici qu'aux éléments historiques qu'elle renferme. Nous y trouvons la peinture fidèle et vivante d'un âge de fer où la force brutale s'épanouissait naïvement, sans autre correctif que la foi chrétienne ou que le sentiment naissant de l'honneur chevaleresque. Les contemporains, eux, y cherchaient surtout des traditions nationales et religieuses, des souvenirs de combats et de gloire. Ces chants leur rappelaient un passé tout voisin de leur génération, les haines séculaires des grandes familles, les invasions normandes, le duel déjà commencé de la France et de l'Allemagne, par-dessus tout le choc sans cesse renouvelé du monde chrétien et du monde musulman. Ce dernier sujet inspirait à nos aïeux une insatiable curiosité. Aussi n'était-il pas d'épopées plus populaires que celles qui célébraient les défaites des Sarrasins, vraies ou imaginaires. On s'embarrassait peu, il est vrai, à cet égard comme à d'autres, de l'exactitude chronologique ou des légitimes exigences de la géographie. La mémoire des anciennes guerres s'altérait et se transformait d'âge en âge. Chaque trouvère ajoutait au peu qui restait de la vérité une fable nouvelle. On faisait, par exemple, guerroyer Charlemagne à Jérusalem. Mais les auditeurs des chansons n'étaient pas grands clercs et s'accommodaient de légendes plus controuvées encore, pourvu qu'on les entretînt de leurs héros de prédilection (1).

Il est bon de remarquer toutefois que ce public naïf n'y mettait pas de complaisance. S'il accordait sa faveur aux plus invraisemblables fictions, c'est parce qu'il les prenait pour la vérité. Et les trouvères, ainsi que les jongleurs, le savaient bien. Aussi ne manquaient-ils guère, au début de leurs récits les plus fabuleux, d'affirmer que c'était là de l'histoire, et de l'histoire toute pure. Plus le poète avait inventé, plus il cherchait à s'assurer le bénéfice de la véracité. Son récit venait, disait-il, en droite ligne, des archives de tel couvent, des manuscrits vénérables de Saint-Denis, par exemple. Il allait parfois jusqu'à nommer le moine qui, par bonté d'âme ou par corruption, lui avait communiqué le précieux parchemin. Et généralement il n'y avait ni parchemin ni moine que dans sa féconde imagination.

Tant que les fictions épiques ne s'élevèrent pas jusqu'au surnaturel, on les tint pour croyables et on les accepta sans peine. Mais, sous l'influence d'une littérature nouvelle, qui naquit vers le milieu du

(1) Pour l'analyse détaillée des principales Chansons de gestes, voir Léon Gautier, *Les Épopées françaises*, t. II et III, et l'*Histoire littéraire de la France* (commencée par les Bénédictins, continuée par des membres de l'Institut), t. XXII.

douzième siècle et qui acquit en peu de temps une vogue extraordinaire, elles tournèrent bientôt au merveilleux et perdirent jusqu'à l'apparence de l'histoire. C'est à cette époque que les légendes celtiques du pays de Galles et de la Bretagne, popularisées en France par certains chroniqueurs au service des Plantagenets (1), donnèrent naissance aux poèmes d'aventures connus sous le nom générique de *Romans de la Table ronde.* Le roi Artus, Lancelot, Tristan, Perceval (2) se firent pardonner en France leur origine étrangère par la singularité de leurs exploits ou de leurs malheurs. Les fées, les magiciens envahirent la poésie. On ne vit plus que grottes enchantées, que monstres bizarres, que héros surhumains. L'amour devint sentimental, passionné, mystique, ce qu'il n'était guère dans les Chansons de gestes. Il tint la première place dans les récits des poètes, qui, précédemment, ne s'attachaient qu'à conter des ba-

(1) Famille française, qui ne possédait d'abord que l'Anjou, le Maine et la Touraine, mais qui acquit, vers le milieu du XIIe siècle, la Normandie, l'Angleterre et l'Aquitaine. Le français demeura longtemps la langue de ces princes et celle de leur cour. — C'est surtout grâce aux Plantagenets que s'établirent entre le Nord et le Midi de la France d'une part, entre la France et les îles britanniques de l'autre, les rapports littéraires d'où résulta la transformation que nous signalons ici. L'influence des croisades (c'est-à-dire de l'Orient), qui devient très sensible à la même époque, a contribué aussi beaucoup à l'introduction du merveilleux dans la poésie française.

(2) Ce sont les héros les plus célèbres de ces *romans.*

tailles. Aussi, à partir de Chrestien de Troyes, qui écrivait vers 1180 et qui fut le propagateur le plus autorisé du nouveau genre, l'épopée française changea-t-elle peu à peu de caractère. On fit encore des Chansons de gestes pendant tout le treizième siècle. On en fit même au quatorzième. Mais on y mêla tant d'intrigues et de fictions extraordinaires que la foi la plus robuste ne pouvait plus les prendre pour de l'histoire.

Il faut ajouter que, dans le même temps, l'antiquité grecque et romaine, mal connue et mal comprise, donna naissance à tout un cycle poétique dont l'influence ne fut pas sans altérer le caractère de la vieille épopée française. *La matière de Rome la grant* (comme on appelait parfois l'histoire ancienne) fut exploitée par d'infatigables rimeurs, qui la travestirent ou l'enjolivèrent à plaisir. Benoît de Sainte-More, qui écrivit, avant la fin du douzième siècle, un *Roman de Troie* en trente mille vers, parle des églises qui remplissaient cette ville, transforme les héros grecs en barons et fait du devin Calchas un évêque. Lambert le Court, qui composa un *Alexandre*, flanquait ce roi de douze pairs, comme Charlemagne, et le faisait mourir avec le regret de n'avoir pu soumettre la France, l'Ecosse, l'Irlande, dont il léguait la conquête à ses lieutenants. D'autres contaient les hauts faits de Francion, fils d'Hector et père de la nation franque, titre que personne alors ne lui contestait. Brutus était présenté au public comme le premier ancêtre des Bretons.

On peut se figurer ce que l'imagination d'un trouvère, servie par de telles notions d'histoire grecque ou romaine, pouvait faire du personnage de Charlemagne ou de celui de Roland, au commencement du XIIIe siècle (1).

On n'a donc pas de peine à comprendre que, la poésie ne vivant plus guère que d'inventions, le public lui ait retiré la confiance aveugle qu'il avait eue si longtemps en elle et soit allé puiser à d'autres sources la vérité dont il était avide. Aussi est-ce à cette époque que la langue vulgaire s'est essayée en France à des ouvrages exclusivement historiques. Tout d'abord, et vu l'habitude, que la foule ne pouvait perdre en un jour, de n'écouter que des récits rimés, les chroniqueurs écrivirent leurs narrations en vers. Mais il est fort probable que dès ce temps ils s'abstinrent de les chanter. C'était des poèmes de plusieurs milliers de vers, consacrés à un événement récent, comme celui de la *Conquête de*

(1) Voir, sur les Romans de la Table Ronde et sur le cycle de l'antiquité, Aubertin, *Histoire de la langue de la littérature française*, t. I.

l'Irlande par Henri II (écrit peu après 1172), ou à l'histoire d'un personnage célèbre, comme *la Vie de saint Thomas le Martir* (1) par Garnier de Pont-Saint-Maxence. C'étaient aussi de grandes compilations, affectant la forme d'histoires générales, et où l'auteur rapportait sans les critiquer, mais sans chercher à les enjoliver, les traditions et les légendes de son pays. C'est ainsi que Robert Wace, archidiacre de Caen, retraça vers 1155, en quinze mille vers octosyllabiques, l'histoire des rois Anglo-Saxons, qu'il publia sous le titre de *Brut*, et donna, cinq ans plus tard, sous celui de *Rou*, une Chronique des ducs de Normandie encore plus étendue. Ce dernier sujet fut aussi traité, en quarante-quatre mille vers, par Benoît de Sainte-More, vers la fin du siècle. Longtemps encore de consciencieux mais plats rimeurs devaient s'efforcer de donner à l'histoire les apparences de la poésie. Mais le bon sens populaire devait peu à peu faire justice de cette habitude surannée.

A quelle époque fut écrite la première chronique en prose française ? C'est ce qu'il est impossible de dire au juste. Divers poèmes *romans* avaient déjà été

(1) Thomas Becket, célèbre archevêque de Cantorbéry, assassiné dans son église, en 1170, à la suite d'une longue querelle avec le roi d'Angleterre Henri II.

traduits en cet idiome commode et courant avant la fin du douzième siècle. On peut donc supposer que dans le même temps quelques auteurs hasardaient de composer des récits historiques sans le secours de la rime. Le comte de Flandre, Baudouin, dont nous parlerons un peu plus loin, avait, paraît-il, avant son départ pour la croisade (qui eut lieu en 1202), fait rédiger en prose une grande compilation, sorte d'histoire universelle partant de la création du monde et s'étendant jusqu'à son époque. Mais nous n'avons plus le texte de cet ouvrage. Pour nous donc, en dehors des rhapsodies citées plus haut, ouvrages dont la valeur historique est contestable et dont le mérite littéraire n'est pas fort grand, la première chronique française que nous ayons à signaler est le chef-d'œuvre de Villehardouin. Nous demandons au lecteur la permission de nous arrêter un peu longuement sur ce nom et sur ce livre.

CHAPITRE II

VILLEHARDOUIN. — SA VIE.

Geoffroy de Villehardouin, le plus ancien de nos chroniqueurs, et non le moins illustre, n'était nullement un écrivain de profession. La rédaction de son livre n'a été pour lui qu'un passe-temps. Politique et soldat, c'était avant tout un homme d'action, plus apte à l'épée qu'à la plume, avisé au conseil, ferme à la guerre, parlant mieux qu'il n'écrivait, combattant mieux qu'il ne parlait. L'épopée féodale que nous lui devons, c'est de ses souvenirs personnels qu'il l'a tirée. Dans ses récits, il ne se met jamais lui-même au premier plan. Mais s'il ne mentionne que très discrètement sa participation aux grands événements qu'il raconte, il n'en ressort pas moins de sa narration qu'elle a été très réelle et très importante. Aussi, pour les neuf années qu'embrasse sa chronique (1198-1207), les meilleurs éléments de sa biographie nous sont-ils fournis par cette œuvre elle-même. Par malheur, le reste de sa vie nous est presque entièrement inconnu. De sèches indications de noms et de dates, éparses dans quelques chartes et dans quelques lettres du temps, sont à peu près tout ce qui nous reste sur sa jeunesse et sur la fin de son existence. Nous sommes même encore réduits à des conjectures sur la date de sa naissance et sur celle de sa mort.

A sept lieues à l'est de Troyes, entre Bar-sur-Aube et Arcis-sur-Aube, s'élevait au douzième siècle le château patrimonial de Villehardouin, dont pas une pierre n'est aujourd'hui debout. C'est là sans doute que naquit notre chroniqueur, d'une famille déjà puissante et investie de hautes charges à la cour des comtes de Champagne. En quelle année? C'est ce qu'il est impossible d'établir. Quelques auteurs disent en 1167. Mais comme on le fait généralement mourir vers 1213 et, ajoute-t-on, dans un âge assez avancé ; comme, d'autre part, il était maréchal de Champagne dès 1191, et peut-être plus tôt, et qu'à partir de 1197 il eut à remplir des missions évidemment trop hautes et trop délicates pour un jeune homme, on ne s'éloignera pas beaucoup de la vérité en admettant que ce fut aux environs de 1150.

On lui a longtemps attribué pour père, sur la foi de Ducange, un Guillaume, comme lui maréchal de Champagne. Mais il paraît établi que ce personnage n'était que le chef d'une branche collatérale de sa race. On a cru aussi que Geoffroy, qui avait un frère, nommé Jean, était l'aîné de sa famille. M. Natalis de Wailly, son dernier éditeur, a démontré qu'il n'était que le cadet. Il est certain qu'il eut trois sœurs, que l'une d'elles épousa un gentilhomme de sa province, Anseau de Courcelles, et que les deux autres furent religieuses aux monastères de Froissy et de Notre-Dame de Troyes. Nous n'ignorons pas que sa femme s'appelait Jeanne; c'est tout ce que nous savons d'elle. Mais qu'importent ces détails? La vie de Villehardouin n'a pour nous d'intérêt que du jour où il entre vraiment dans l'histoire.

Le comte de Champagne, dont il était vassal et grand officier, était un des plus hauts feudataires de la couronne de France. Il pouvait, dit-on, lever sur ses terres jusqu'à 2,200 chevaliers. Sous un seigneur si puissant, la dignité toute militaire de maréchal conférait un commandement d'une réelle importance. Comment Geoffroy l'avait-il acquise? nous l'ignorons. Ce qu'il y a de sûr, c'est qu'il la méritait. On le voit par la bravoure, l'intelligence, la fermeté qu'il déploya dans la quatrième croisade et dont évidemment il avait dû donner dès sa jeunesse des preuves éclatantes. Nous pouvons supposer, d'autre part, que, s'il préférait à tout le métier des armes, il avait appris de bonne heure à ne pas dédaigner les plaisirs de l'esprit. Il tenait sans doute honorablement sa place dans cette cour brillante et lettrée de Champagne où la comtesse Marie (1) attirait les trouvères les plus illustres et favorisait le génie fécond de Chrestien de Troyes. Villehardouin s'étudia-t-il à bien dire ? Nous ne savons. Mais il fut sans nul doute un des hommes les mieux *emparlés* de son temps (pour employer un de ses mots). Et comme, avec cela, ni la finesse ni la réserve ne lui manquaient, il eut la réputation d'un diplomate et la justifia. A partir de 1197, le comte Thibaut III, qui venait de succéder à son frère Henri II et qui n'avait que vingt-deux ans, lui donna toute sa confiance. C'est ainsi qu'en 1198 il l'envoya porter son hommage féodal au roi Philippe-Auguste et que, l'année d'après, il le consulta sur le douaire qu'il avait à assigner à sa femme Blanche de Navarre. Mais c'est principalement lorsque la croisade, prêchée au nom du pape Innocent III, entraîna vers l'Orient la noblesse de Champagne et de presque toute la France, qu'il témoigna au maréchal l'estime qu'il avait pour ses talents.

(1) Fille du roi de France Louis VII et d'Eléonore d'Aquitaine (qui eut pour second mari Henri Plantagenet, roi d'Angleterre). Elle tenait de sa mère un goût très vif pour la poésie.

Quand les hauts barons sur la tête desquels reposait le sort de l'expédition eurent résolu de s'en remettre à six hommes de confiance des préparatifs et négociations que comportait cette entreprise, Villehardouin fut au nombre de ces délégués. Au commencement de 1201, il se rendit en leur compagnie à Venise, pour traiter avec la Seigneurie du transport des croisés en Egypte. Après de longs pourparlers avec le doge Dandolo et avec les Conseils de la République, le peuple fut convoqué dans l'église de Saint-Marc pour entendre les demandes des Français, et c'est le maréchal qui « moustra la « parole par l'acort et par la volonté as autres mes- « sages », c'est-à-dire qui prit la parole par l'accord et par la volonté des autres messagers.

La convention faite, l'ambassade se hâta de retourner en France. Elle y arriva juste pour voir mourir le comte Thibaut, que les croisés s'étaient choisi pour chef suprême.

« Tant chevaucha Joffrois... lisons-nous dans notre chronique, que il vint à Troies en Champaigne, et trova son seignor le conte Thibaut malade et deshaitié; et si fu mult liez de sa venue.... Il dist qu'il chevaucheroit, ce qu'il n'avoit pieça fait; et leva sus et chevalcha. Alas! con granz domages! car onques puis ne chevaucha que cele foiz.... Ensi moru li cuens; et fu uns des homes del monde qui fist plus belle fin... Del duel ne convient mie à parler qui illuec fu faiz; que onques plus granz ne fu faiz por home; et il le dut bien estre, car onques hom de son aage ne fu plus amés de ses homes ne de l'autre gent... » (Villehardouin, chap. 7) (1).

Traduction. « Geoffroy chevaucha tant qu'il vint à Troyes en Champagne, et trouva son seigneur le comte Thibaut malade et languissant; et pourtant il fut bien joyeux de sa venue... Il dit qu'il chevaucherait, ce qu'il n'avait fait depuis longtemps; et il se leva et il chevaucha. Hélas! quel grand dommage! Car jamais depuis il ne chevaucha que cette fois.... Ainsi mourut le comte; et il fut un des hommes du monde qui firent la plus belle fin... Du deuil qui là fut fait il ne convient pas de parler; car jamais plus grand ne fut fait pour un homme; et cela dut bien être, car jamais homme de son âge ne fut plus aimé de ses hommes ni des autres gens... »

Quelque cruelle que fût cette perte, elle n'était pas pour décourager Villehardouin. Aussi le voyons-nous presque aussitôt se mettre en campagne pour procurer à la croisade un nouveau chef. C'est sur sa proposition qu'au mois d'août 1201 les barons décernent le commandement à Boniface, marquis de Montferrat, dont il est déjà sans doute le confident et dont il sera jusqu'à la fin l'auxiliaire le plus dévoué. Enfin les derniers préparatifs étant terminés,

(1) Dans cette étude sur Villehardouin, les numéros des chapitres seront toujours indiqués d'après l'édition de Wailly.

le maréchal met ordre à ses affaires, fait des dons à divers établissements religieux, laisse en France, où il ne reviendra jamais, sa femme, ses deux filles, ses deux fils, Erard et Geoffroy, et part, au printemps de 1202, pour le rendez-vous de Venise.

Là les complications commencent. Une bonne partie des croisés (pour les raisons que l'on verra plus loin) ont pris des directions différentes. Beaucoup, arrivés déjà en Italie, hésitent à aller jusqu'à Venise. C'est Villehardouin qu'on charge d'aller les sermonner et qui les ramène. Puis la République, créancière des barons, les mène guerroyer pour son compte à Zara. Et quand ils ont pris cette ville, ce n'est plus en Egypte qu'elle parle de les transporter, c'est à Constantinople, pour renverser un empereur et mettre sur le trône un prince déchu. Nombre de croisés s'étonnent, s'irritent, veulent à tout prix tenir leur vœu, s'effraient des menaces du pape, qui, sous peine d'excommunication, leur enjoint de ne songer qu'à Jérusalem. Villehardouin, lui, ne s'effraie de rien, que de la désertion possible des mécontents. Après comme avant l'occupation de Zara, c'est cette éventualité qu'il s'efforce de prévenir. Esprit fort positif, il a renvoyé, sans le dire, aux calendes grecques la délivrance de la Terre sainte. Il est de ceux qui, sans trop balancer, préfèrent la conquête lucrative de Constantinople. Aussi faut-il voir avec quelle énergie, quelle éloquence, quelle indignation même il lutte contre ceux qui veulent *l'ost dépecier*, c'est-à-dire qui souhaitent la dispersion de l'armée. Il pleure au besoin et se jette à leurs pieds pour les empêcher de partir. Et comme, tant bien que mal, il réussit, il voit dans son succès une preuve manifeste que le ciel est pour lui.

« Or poez savoir, seignor, dit-il quelque part, que se « Diex ne amast ceste ost, qu'ele ne peust mie tenir « ensemble, à ce que tant de gent li queroient mal. » (Ch. 22.)

TRADUCTION. « Or, vous pouvez savoir, seigneurs, que si Dieu n'eût aimé cette armée, elle n'eût pu tenir ensemble, alors que tant de gens lui voulaient mal. »

Les croisés arrivent enfin devant Constantinople (juin 1203). Si le maréchal de Champagne a pris tant de peine pour les y conduire, il est juste de reconnaître qu'il ne s'épargne pas quand il s'agit d'y entrer. Il est de tous les combats, de tous les assauts ; et quand cette poignée d'aventuriers, dont il est, a triomphé, quand l'empereur Alexis est en fuite, quand Isaac l'aveugle est replacé sur le trône, c'est Villehardouin qui vient au nom des vainqueurs sommer ce dernier d'accepter les âpres conditions déjà dictées par eux à son jeune fils.

« Par l'acort as autres messages, raconte-t-il, mostra Joffrois de Ville-Hardoin li mareschaus de Champaigne la parole, et dist à l'empereor Sursac : Sire, tu vois le servise que nos avons fait à ton fil, et con bien nos li avons sa convenance tenue. Ne il ne puet caiens entrer trosques adonc qu'il ara fait nostre creant des convenz qu'il nos ha ; et à toi mande, comme tes filz, que tu nos asseures la convenance en tel forme et en tel maniere con il nos a fait. — Quelx est la convenance ? fait l'empereres. — Telx com je vos dirai, respont li messagiers... » (Ch. 39.)

Traduction. « Par l'accord des autres messagers, Geoffroy de Ville-Hardouin, le maréchal de Champagne, prit la parole et dit à l'empereur Isaac : « Sire, tu vois le service que nous avons rendu à ton fils et comme nous lui avons bien tenu notre convention. Mais il ne peut entrer ici jusqu'à ce qu'il nous ait donné garantie pour les conventions qu'il nous a faites ; et il te mande, comme ton fils, que tu confirmes la convention en telle forme et en telle manière qu'il nous l'a faite. — Quelle est la convention ? fait l'empereur. — Telle que je vous dirai, répond le messager. »

Un peu plus tard, Isaac ni son fils ne tenant leurs engagements, les barons n'hésitent pas à leur envoyer, suivant la mode féodale, un défi de guerre, et le maréchal de Champagne va, lui troisième, leur porter cette hautaine déclaration au milieu de leur palais et en face de leurs courtisans. Il est sur le point d'être mis en pièces et ne nous dissimule pas qu'il lui tardait d'être rentré au camp.

« Li bruiz fut mult granz par là dedenz ; et li message s'en tornent et vienent à la porte et montent sor les chevaus. Quant il furent defors la porte, n'i ot celui qui ne fust mult liez ; et ne fu mie granz mervoille, que il erent mult de grant peril eschampé ; que mult se tint à pou que il ne furent tuit mort ou pris... » (Ch. 47.)

Traduction. « Le bruit fut bien grand par là dedans ; et les messagers s'en retournent et viennent à la porte et montent sur leurs chevaux. Quand ils furent hors de la porte, il n'y en eut pas un qui ne fût bien joyeux ; et ce ne fut pas grande merveille, car ils étaient échappés de bien grand péril ; et il tint à bien peu qu'ils ne fussent tous tués ou pris... »

Bientôt la guerre recommence. Les deux souverains sont renversés par un usurpateur, et les croisés, las de se battre pour les autres, décident qu'après avoir triomphé de ce personnage, ils s'empareront de l'empire et se le partageront comme un butin légitime. Villehardouin n'est sans doute pas des derniers à conseiller cette solution. Aussi, après la prise et le sac de Constantinople (avril 1204), est-il des mieux pourvus parmi les vainqueurs. Il est *Maréchal de Romanie*, reçoit en fiefs deux villes importantes, Trajanople et Macra, sans compter la riche abbaye de Véra, et tient une des premières places à la cour de Baudouin de Flandre, que les croisés ont proclamé empereur.

C'est à lui qu'on a recours dans toutes les circonstances difficiles. Quand Boniface de Montferrat, qui ne peut pardonner au nouveau César la préférence dont il a été l'objet, se révolte contre lui, c'est Geoffroy que l'on charge d'apaiser les deux adversaires et qui parvient à les réconcilier. La diplomatie ne lui fait pas, du reste, oublier les combats. En avril 1205, le soir du désastre d'Andrinople, l'empereur étant défait et pris, l'armée paraissant perdue, un seul homme, Villehardouin, montre du sang-froid et relève les courages.

« Sire, dit-il au vieux Dandolo, vos véez la mesaventure qui nos est avenue : perdu avons l'empereor Baudoin et le conte Loeys, et lo plus de nostre gent, et de la meillor. Or pensons del remanant garir ; que se Dieu n'en prent pitiez, nos sommes pardu... » (Ch. 82.)

Traduction. « Sire, vous voyez la mésaventure qui nous est advenue ; nous avons perdu l'empereur Baudouin et le comte Louis, et la plupart de nos gens, et des meilleurs. Or pensons à sauver le reste ; car si la pitié n'en prend à Dieu, nous sommes perdus. »

Il prend aussitôt le commandement et, sans se laisser entamer par l'ennemi, dirige fièrement la retraite, à travers des populations insurgées, d'Andrinople à Rodosto. L'armée, grâce à lui, peut se reconstituer. Aussi l'empereur Henri, frère et successeur de Baudouin, n'aura-t-il garde de négliger ou de mécontenter un pareil serviteur. L'autorité du maréchal de Romanie, attestée par un historien grec de cette époque, ne fait que croître sous ce nouveau prince. Villehardouin le suit ou le précède dans toutes ses expéditions terrestres ou navales, fait face aux Balkans, à l'Asie mineure, se multiplie. A l'occasion, du reste, il redevient diplomate. Si, vers la fin de 1206, Boniface de Montferrat se rapproche de Henri au point de lui offrir sa fille en mariage, son ancien confident n'est sans doute pas étranger à cette affaire. On est d'autant plus fondé à le croire que nous le voyons, dans les premiers jours de 1207, chargé d'aller chercher la fiancée de l'empereur pour la lui conduire et que, peu de temps après, il reçoit en don de Boniface l'importante ville de Messinople.

A partir de cette époque, la trace de Villehardouin commence à s'effacer dans l'histoire. Après l'avoir perdu de vue pendant une année, nous le retrouvons en 1208 guerroyant contre les Bulgares avec son souverain, qui paraît ne rien décider d'important sans le consulter. Le chroniqueur Henri de Valenciennes nous le représente au moment d'en venir aux mains, haranguant ses compagnons d'armes, auxquels il promet que leur âme ira *toute fleurie au pa-*

radis, et leur recommandant, en vrai Français, de ne pas attendre qu'on les attaque, mais de prendre eux-mêmes l'offensive. Un peu plus tard, pendant que l'empereur se dirige vers Salonique et vers la Grèce, le maréchal garde Constantinople. Puis tout à coup il disparaît à nos yeux, et cette vie, si occupée, qui a dû l'être jusqu'à la fin, se termine dans l'ombre et le mystère.

Tout ce que l'on sait de ses dernières années, c'est qu'il n'avait point oublié la France, qu'il multipliait ses dons aux églises, aux monastères de Champagne, et qu'il donnait de loin des conseils affectueux à la veuve du comte Thibaut III. On peut affirmer, d'après une lettre du pape Innocent III, qu'il vivait encore à la fin de 1212. Mais il était mort l'année suivante, puisque son fils aîné, Erard, portait en 1213 le titre patrimonial de seigneur de Villehardouin. Depuis son départ pour la croisade, il n'avait jamais revu son pays. Sa descendance y vécut assez obscurément et s'y éteignit au quatorzième siècle. Sa race dut, il est vrai, un éclat passager à son neveu Geoffroy, aventurier hardi qui conquit la Morée et fit souche de princes (1). Mais la postérité masculine

(1) Voir sur ce personnage et ses descendants la *Chronique de Morée*, dans la *Collection des Chroniques nationales françaises*, publiée par Buchon.

de ce dernier disparut aussi de bonne heure. C'est le petit livre du maréchal qui a sauvé de l'oubli le nom de Villehardouin.

CHAPITRE III

VILLEHARDOUIN (*suite*). — ANALYSE DE SON LIVRE.

C'est sans doute de 1207 à 1213 que Villehardouin, dans les moments de loisir que lui laissaient la guerre et les affaires, composa ses Mémoires. On pourrait donner simplement ce titre à son ouvrage, plutôt que celui de *Conquête de Constantinople*, sous lequel on le désigne d'ordinaire. Il n'y raconte guère que les événements auxquels il a pris part ou dont il a été témoin. L'écrivit-il lui-même ? On pourrait en douter, car il dit quelque part qu'il le *dicta*. Mais ce mot n'avait pas de son temps le sens précis qu'il a de nos jours. Ailleurs il se nomme comme l'auteur « *qui ceste ovre trata* » (qui cette œuvre traita). Cette chronique est donc de lui, pour le fond et pour la forme. S'il se réfère parfois pour certains détails à ce qu'il appelle « *li livres* », c'est sans doute à quelque memento ou à quelque journal militaire, comme en rédigeaient les *officiers d'armes* ou *poursuivants d'armes*, sorte d'historiographes à gages qui suivaient les rois ou les grands seigneurs à la guerre pour prendre note des moindres incidents de la campagne.

Le récit nerveux, coloré, plein de faits, que nous allons analyser, fut dès le treizième siècle apprécié à sa valeur. On lut Villehardouin, on en multiplia les copies. Mais chaque génération, en transmettant son œuvre à la suivante, eut le tort de chercher à la rajeunir. On en défigurait le texte sous couleur de le rendre compréhensible. Un gentilhomme français, Vigénère, l'imprima, pour la première fois, en 1585. Depuis, les éditions de Villehardouin se sont multipliées — en s'améliorant. Grâce aux savantes recherches de Du Cange (1) au XVIIe siècle, de Brial, de Paulin Pâris, de Buchon et surtout de Natalis de Wailly au XIXe siècle (2), le plus ancien monument de notre prose historique a recouvré, avec sa correction primitive, sa sévère beauté.

(1) Cet érudit donna en 1657, sous le titre d'*Histoire de l'Empire de Constantinople sous les empereurs françois* (Paris, 1 vol. in-fol.), une édition de Villehardouin accompagnée d'une traduction, de très savants commentaires et d'une étude historique fort étendue sur les empereurs français de Constantinople.

(2) Les éditions modernes de Villehardouin sont celles de de Brial (1822, dans le t. XXII du *Recueil des historiens de France*), de Paulin Pâris (1838), de Buchon (1840) et de Natalis de Wailly (1872, 1874, 1 vol. gr. in-8°). Cette dernière, tant pour la pureté du texte que pour l'exactitude de la traduction, est de beaucoup la meilleure.

A vrai dire, ce livre semble n'avoir ni commencement ni fin. Villehardouin ne se piquait point de *composer* suivant les règles de l'art. Il n'y a chez lui ni préface ni conclusion. Il n'y a même pas de plan. Je ne dis point qu'il n'y ait point une certaine habileté voulue dans l'enchaînement des faits et dans la manière dont ils sont présentés. J'en donnerai plus loin la preuve. Pour le moment, laissons-nous simplement aller au courant de cette narration si précise dans sa gaucherie, si dramatique dans sa simplicité.

Nous sommes à la fin du XIIe siècle. « L'*apostoile de Rome* », le pape Innocent III, qui, depuis son avènement, n'a qu'une idée fixe, reprendre Jérusalem aux Infidèles, fait prêcher une croisade dans toute la chrétienté. Ce sera la quatrième (1). La France s'émeut à la voix inspirée de Foulques, le vieux curé de Neuilly. Les comtes de Champagne, de Blois, de Flandre, de Saint-Pol, jeunes, ardents, ambitieux, font vœu de délivrer la Terre-Sainte. Derrière eux, en troupes serrées, la noblesse s'enrôle. Mais comment se rendre en Orient ? Traverser l'Allemagne et l'empire grec est chose peu sûre; les premières croisades l'ont prouvé. Reste la voie de mer. Mais il faut une flotte. Où la prendre ?

(1) Les trois premières avaient eu lieu en 1096, en 1147 et en 1189.

C'est alors qu'après de longs pourparlers les trois grands comtes (Champagne, Flandre, Blois), qui sont les chefs suprêmes de l'entreprise, remettent leurs pleins pouvoirs à six gentilshommes qui décident d'aller demander à Venise des moyens de transport. Geoffroy de Villehardouin, son cousin Miles le Brébant et Conon de Béthune, que sa rudesse féodale n'empêche pas d'être un fin poète et l'homme le mieux *emparlé* de son temps, sont les principaux membres de cette ambassade, qui arrive à Venise au mois de février 1201.

« Sire, disent-ils au vieux doge, Henri Dandolo, nos somes à toi venu de par les hals barons de France qui ont priz le sine de la croiz, por la honte Jesu-Crist vengier et por Jerusalem reconquerre, se Diex le vuelt soffrir. Et porce que il sevent que nule genz n'ont si grant pooir d'aus aidier con vos et la vostre genz, vos prient por dieu que vos aiez pitié de la terre d'oltremer, et de la honte Jesu-Crist, et que vos veuilliez mettre paine coment il puissent avoir navie et estoire. » (Ch. 4.)

Traduction. « Sire, nous sommes venus à toi de la part des hauts barons de France qui ont pris le signe de la croix pour venger la honte de Jésus-Christ et reconquérir Jérusalem, si Dieu le veut souffrir. Et parce qu'ils savent que nulles gens n'ont aussi grand pouvoir de les aider que vous et vos gens, ils vous prient que pour Dieu vous ayez pitié de la Terre d'outre-mer et de la honte de Jésus-Christ et que vous vouliez travailler à ce qu'ils puissent avoir vaisseaux de transport et de guerre. »

Dandolo, bien que nonagénaire et presque aveugle, joue serré, fait attendre et, finalement, dicte aux délégués un traité tout à l'avantage de la république. Les croisés devront payer 85,000 marcs (plus de quatre millions de notre monnaie, sans tenir compte de la valeur relative de l'argent) et partager leurs conquêtes avec les Vénitiens. Tout serait bien si, à leur retour, les six députés ne trouvaient pas le comte de Champagne mourant. C'était le chef désigné de la croisade. Après sa fin prématurée (mai 1201), on offre sa succession au duc de Bourgogne, puis au comte de Bar. Tous deux refusent. C'est alors que Villehardouin met en avant un seigneur italien, Boniface, marquis de Montferrat, qu'on accepte et qui ne décline pas le commandement (août-septembre).

Plusieurs mois se passent. Arrive le printemps de 1202. C'est le moment où les *pèlerins* sont attendus à Venise. Mais une scission s'est produite. Beaucoup se dirigent vers Marseille, vers l'Italie du sud, vers Gibraltar. Le comte Louis de Blois lui-même hésite et ne se laisse qu'à grand'peine conduire à Venise. Là, que de déboires pour les croisés ! Comme ils doivent encore 34,000 marcs, on les tient internés dans une petite île et l'on finit par leur proposer un marché singulier. En retour d'un délai pour se libérer, qu'ils aillent en Dalmatie reprendre Zara, ancienne possession de la République, qui s'est donnée au roi de Hongrie. Naturellement ils commencent par refuser. Mais il faut bien sortir de l'impasse. Puis, un jour, Dandolo réunit le peuple, déclare qu'il prend la croix. Comment ne pas faire quelque chose pour lui ?

« Mult ot illuec grant pitié del pueple de la terre et des pelerins, dit Villehardouin, et mainte lerme plorée, porce que cil prodom aust si grant ochoison de remanoir ; car viels hom ere ; et si avoit les ialz en la teste biaus, et si n'en véoit gote ; que perdue avoit la veue par une plaie qu'il ot el chief. Mult parere de grant cuer... » (Ch. 14.)

Traduction. « ... Bien grande fut alors la pitié du peuple de la terre et des pèlerins, et mainte larme fut versée, parce que ce prud'homme aurait eu si grande raison de rester ; car c'était un vieil homme ; et il avait les yeux du visage beaux, et pourtant il n'en voyait goutte ; car il avait perdu la vue par une plaie qu'il eut à la tête. Il était de bien grand cœur..... »

On part donc pour Zara. La ville est prise, malgré le mauvais vouloir d'une partie des croisés. On hiverne en Dalmatie. C'est alors qu'arrive la double ambassade du prince Alexis Comnène et de son beau-frère le roi des Romains, Philippe de

Souabe (1). Cet Alexis, dont le père, Isaac, a été renversé par son frère, qui lui a fait crever les yeux et le retient prisonnier, propose aux croisés d'aller rétablir le souverain déchu. Les promesses les plus séduisantes (réunion des deux églises grecque et latine, argent, coopération à la croisade) sont prodiguées en son nom. Mais il y a dans l'armée un parti qui commence à trouver, avec le pape, que les *pèlerins* se sont assez attardés en route et ne doivent plus songer qu'à Jérusalem. Les chefs n'en tiennent compte et signent le traité. Aussitôt la désertion recommence. Simon de Montfort (2), l'abbé de Vaux-Cernay, bien d'autres encore se détachent de *l'ost*. Boniface et ses amis font mettre à la voile. Mais, arrivés à Corfou, ils sont sur le point d'être abandonnés par la majorité de l'armée. Il faut aller trouver les mutins. Le marquis et les comtes se décident à s'humilier.

« Ensi fu li consels acordez ; et alerent tuit ensemble en une valée où cil tenoient lor parlement, et menerent

(1) On appelait roi des Romains le chef désigné du *saint Empire romain germanique;* on ne lui donnait le titre d'Empereur que lorsqu'il avait été reconnu et sacré par le pape. Philippe de Souabe était fils de l'empereur Frédéric Ier (Barberousse) et frère de l'empereur Henri VI. Il représentait la maison de Hohenstaufen, depuis longtemps en lutte avec la cour de Rome.

(2) Qui devait plus tard acquérir une si effroyable célébrité dans la croisade contre les Albigeois.

avec als le fil l'empereor de Costantinople, et toz les evesques et toz les abez de l'ost. Et cum il vindrent là, si descendirent à pié. Et cil, cum il les virent, si descendirent de lor chevaus et alerent encontre. Et li baron lor chéirent as piez, mult plorant; et disrent que il ne se movroient tresque cil aroient creanté que il ne se movroient d'els... » (Ch. 24.)

TRADUCTION. « Ainsi fut arrêté le conseil ; et ils allèrent tous ensemble en une vallée où ceux-là tenaient leur parlement, et menèrent avec eux le fils de l'empereur de Constantinople et tous les évêques et tous les abbés de l'armée. Et quand ils arrivèrent là, ils se mirent à pied. Et quand ceux-là les virent, ils descendirent de leurs chevaux et vinrent à leur rencontre. Et les barons tombèrent à leurs pieds, pleurant beaucoup; et dirent qu'ils n'en bougeraient jusqu'à ce que les autres eussent promis qu'ils ne les quitteraient pas. »

Les dissidents finissent par se laisser toucher et consentent enfin à l'expédition de Constantinople, à condition qu'on ne les retiendra pas au delà de la Saint-Michel (fin de septembre). La grande aventure sera tentée. La flotte quitte Corfou et, la veille de la Saint-Jean (23 juin), elle vient mouiller à trois lieues de l'immense capitale.

Rien n'égale l'audace de cette poignée d'hommes qui, délibérément, vont assaillir une ville de quatre cent mille âmes, que ses murailles et la mer semblent garantir contre toute attaque. Rien, si ce n'est peut-être la platitude et la lâcheté de leurs adversaires. L'usurpateur (du nom d'Alexis, comme son neveu) commence à trembler et leur fait offrir de l'argent et des vivres, pour quitter *la terre.*

« En sa terre il ne sont mie entré, répondent-ils à son envoyé, quar il la tient à tort et à pechié, contre Dieu et contre raison... S'il voloit à la merci son nevou venir, et li rendoit la corone et l'empire, nos li proieriens que il li pardonast et li donast tant que il peust vivre richement. Et se vos por cestui message n'i revenez altre foiz, ne soiez si hardiz que vos plus i revegniez... » (Ch. 29.)

TRADUCTION. « En sa terre ils ne sont pas entrés, car il la tient à tort et à péché, contre Dieu et contre raison... Mais s'il voulait venir à la merci de son neveu, et lui rendait la couronne et l'empire, nous le prierions qu'il lui pardonnât et lui donnât assez pour qu'il pût vivre richement. Et si ce n'est pas pour un tel message que vous revenez une autre fois, ne soyez pas si hardis que de revenir encore. »

L'usurpateur doit bien prendre le parti de se défendre. Déjà les Francs ont passé le bras Saint-Georges (1). Bientôt ils emportent d'assaut la tour de Galata, rompent la chaîne qui fermait l'entrée du port. Divisés en sept corps, dont trois devront garder leur camp, ils viennent, en vue même du palais de Blaquerne (2), tenter l'escalade de Constantinople. Quinze

(1) Le canal de Constantinople.
(2) Résidence ordinaire de l'Empereur.

Arrivée de la flotte des croisés devant Constantinople.

d'entre eux arrivent au sommet des murailles, sans pouvoir s'y maintenir. Pendant ce temps, la flotte vénitienne, rangée sur une seule ligne, attaque la ville par la mer. Il n'est pas jusqu'au vieux Dandolo, presque centenaire, qui ne veuille férir un bon coup d'épée.

« Or porroiz oïr estrange proesce; que li dux de Venise, qui vialz home ere et gote ne véoit, fu toz armez, el chief de la soe galie, et ot le gonfanon saint Marc par-devant lui; et escrioit as suens que il le meissent à terre, ou se ce non il feroit justise de lor cors. Et il si firent; que la galie prent terre, et il saillent fors; si portent le confanon saint Marc par devant lui à la guerre. Et quant li Venisien voient le confanon saint Marc à la terre...., si se tint chascuns à honi, et vont à la terre tuit, qui ainz ainz, qui mielz mielz. Lors veissiez assaut grant et merveillox; et ce tesmoigne Joffrois de Ville-Harduin li mareschaus de Champaigne, qui ceste ovre traita, que plus de quarante li distrent por verité que il virent le confanon saint Marc de Venise en une des tors, et mie ne sorent qui l'i porta. » (Ch. 36.)

Traduction. « Or vous pourrez ouïr une étrange prouesse; car le doge de Venise, qui était vieil homme et ne voyait goutte, était tout armé en tête de sa galère, et il avait le gonfalon de Saint-Marc par-devant lui; et il criait aux siens qu'ils le missent à terre, ou sinon qu'il en ferait justice sur leurs corps. Et ainsi firent-ils; car la galère prend terre, et ils sautent dehors; et ils portent le gonfalon de Saint-Marc à terre par-devant lui. Et quand les Vénitiens voient le gonfalon de Saint-Marc à terre...., alors chacun se tient pour honni, et tous vont à terre, au plus vite et à qui mieux mieux. Alors vous eussiez vu un assaut grand et merveilleux ; et ce que témoigne Geoffroy de Villehardouin, le maréchal de Champagne, qui fit cette œuvre, c'est que plus de quarante lui dirent en vérité qu'ils virent le gonfalon de Saint-Marc de Venise sur une des tours, et qu'ils ne surent point qui l'y porta. »

A la suite de ce furieux combat, vingt-cinq tours restent au pouvoir des Vénitiens, qui commencent à incendier la ville. L'Empereur, après un simulacre de sortie, entasse ses trésors sur un navire et prend la fuite. Aussitôt, dans la nuit du 17 au 18 juillet, une révolution de palais replace sur le trône Isaac l'aveugle. Les Francs lui imposent son fils comme associé, exigent de lui qu'il ratifie le traité qu'ils ont conclu avec eux et mettent, on peut le dire, l'Empire en coupe réglée.

Villehardouin trouve tout simple que lui et ses compagnons d'armes, après avoir été à la peine, soient à l'honneur, c'est-à-dire au profit. Aussi la volte-face du jeune Alexis qui, après les avoir suppliés de rester pour le défendre contre ses sujets, affecte de prendre contre eux le parti de ces derniers, l'exaspérera-t-il, comme tous les croisés. Les deux empereurs ne paient plus : on se paiera soi-même et, vers la fin de 1203, les alliés de la veille se feront sur terre et sur mer une guerre sans merci.

Si les croisés se jugent absolument déliés envers Isaac, aussi bien qu'envers son fils, ce n'est pas apparemment pour se montrer plus accommodants à l'égard de l'ambitieux Murzuphle qui, en janvier 1204, renverse et fait périr l'un et l'autre, s'empare du trône et menace les Francs d'une complète extermination. Ils prennent cette fois le parti d'en finir avec un gouvernement qu'ils méprisent. A eux l'Empire, à eux les provinces qu'ils se partageront, à eux l'or et l'argent des palais, à eux les reliques des églises. N'ont-ils pas bien gagné tout cela ? Aussi, leur convention faite, les voyons-nous se ruer, avec un entrain facile à comprendre, à un nouvel assaut. Repoussés vigoureusement, ils reviennent à la charge trois jours après (12 avril 1204). Cette fois, rien ne peut les arrêter. Murzuphle prend la fuite. Le meurtre, l'incendie et toutes les brutalités de la victoire sont déchaînés sans obstacle sur la malheureuse capitale

« Lors veissiez Grifons abatre, et chevaus gaaigner et palefroiz, et muls et mules, et autres avois Là ot tant de morz et des navrez qu'il n'en ere ne fin ne mesure... Et vespre iere jà bas ; et furent cil de l'ost lassé de la bataille et de l'ocision... En celle nuit, devers la herberge Boniface le marchis de Montferrat, ne sai quex gens qui cremoient les Grez qu'i nes assaillissent, mistrent le feu entr'aus et les Grex. Et la ville comence à esprendre et à alumer mult durement ; et ardi tote cele nuit et l'endemain troques al vespre. Et ce fu li tiers feus qui fu en Constantinoble dès que li Franc vindrent el païs; et plus ot arses maisons qu'il n'ait es trois plus grandz citez del roialme de France... Et fu si granz le gaienz faiz que nus ne vos en sauroit din la fin, d'or et d'argent, et de vasselement et de pierres precieuses, et de samiz et de dras de soie, et de robes vaires et grises et hermines, et toz les chiers avoirs qui onques furent trové en terre. Et bien tesmoigne Joffrois de Vile-Hardoin li mareschaus de Champaigne, à son escient par verté que puis que li siecles fu estorez, ne fu tant gaainié en une vile. » (Ch. 53.)

TRADUCTION. « Alors vous eussiez vu abattre les Grecs, et prendre chevaux et palefrois, et mulets et mules, et autre butin. Il y eut là tant de morts et de blessés que c'était sans fin ni mesure... On était au soir et déjà tard, et ceux de l'armée étaient las de se battre et d'occire... En cette nuit, vers le camp de Boniface, marquis de Montferrat, je ne sais quelles gens qui craignaient que les Grecs ne les attaquassent, mirent le feu entre eux et les Grecs. Et la ville commence à prendre et à flamber bien fort ; et elle brûla toute cette nuit et le lendemain jusqu'au soir. Ce fut le troisième feu qu'il y eut à Constantinople depuis que les Francs vinrent au pays ; et il y eut plus de maisons brûlées qu'il n'y en a dans les trois plus grandes cités du royaume de France. Et le butin fut si grand, que nul ne vous en saurait dire le compte, d'or et d'argent, de vaisselle et de pierres précieuses, de satin et de draps de soie, et d'habillements de vair et de gris et d'hermines, et de tous les riches butins qui furent jamais trouvés sur terre. Et bien témoigne Geoffroy de Villehardouin, le maréchal de Champagne, à son escient et en vérité, que depuis que le monde fut créé, il n'en fut tant gagné en une ville. »

Après cette orgie de pillage vient la répartition du butin qui est faite tant bien que mal entre les vainqueurs, non sans fraude de la part de beaucoup d'entre eux. Puis douze électeurs choisis par les croisés, six Vénitiens et six Français, sont chargés d'élire un nouvel Empereur. La majorité désigne Baudouin, comte de Flandre. Il aura le quart de la capitale, le quart des terres. Le reste, en deux portions égales, sera attribué aux Français et aux Vénitiens. La féodalité, avec sa hiérarchie, ses obligations, ses tendances anarchiques, s'établit de toutes pièces dans le monde byzantin. Le comte de Blois devient duc de Nicée, Renier de Trit duc de Philippopoli, Othon de la Roche duc d'Athènes. Boniface de Montferrat, compétiteur malheureux de Baudouin à l'empire, obtient en dédommagement le royaume de Thessalonique.

C'est à ce remuant personnage que le nouveau souverain sera redevable de ses premières tribulations. Boniface, très aigri contre Baudouin qui, de son côté, se méfie de lui, veut lui interdire l'entrée de son fief; le prince s'entête à y entrer. La guerre résulte de ce conflit. Ce n'est pas sans peine que le doge, le comte de Blois et les autres barons, par l'entremise de Villehardouin, parviennent à réconcilier les deux adversaires.

A ce moment (vers la fin de 1204), il semble que l'empire latin de Constantinople doive prospérer. Murzuphle, fait prisonnier, a été précipité du haut d'une colonne, à la vue du peuple. L'usurpateur Alexis est envoyé en captivité. Une foule de croisés, qui avaient gagné directement la Terre-Sainte, en reviennent pour prendre part à la curée. Quelques-uns, comme Geoffroy de Villehardouin, neveu de notre historien, se jettent sans façon sur les provinces qu'ils trouvent à leur convenance et s'y taillent des principautés à grands coups d'épée. Mais l'égoïsme et la cupidité de tous ces tyranneaux, qui s'isolent le plus possible et poussent à bout la patience des vaincus, perdront le nouvel empire.

« Quant chascuns sot assener à sa terre, la covoitise del monde, qui tant aura mal fait, nes laissa estre en paix ; ainz commença chascuns à faire mal en sa terre, li uns plus et li autre mains; et li Grieu les commencierent à haïr et à porter malvais cuer. » (Ch. 67.)

TRADUCTION. « Quand chacun put aller à sa terre, la convoitise du monde, qui aura tant fait de mal, ne les laissa pas être en paix ; mais chacun commença à faire mal en sa terre, l'un plus et l'autre moins ; et les Grecs commencèrent à les haïr et à nourrir de mauvaises pensées.

Déjà un prince allié aux Comnènes, Théodore Lascaris, retiré en Asie-Mineure, avait donné l'exemple de la résistance aux Latins. Pendant que les principales forces de Baudouin sont occupées contre lui, les Grecs d'Europe se soulèvent de toutes parts, courent sus aux Francs, massacrent ceux qu'ils peuvent surprendre et appellent à leur aide Joannis, roi chrétien, mais demi sauvage, des Bulgares, qui accourt avec ses hordes féroces et met toute la Romanie à feu et à sang. C'est en le combattant devant Andrinople, le 14 avril 1205, que l'Empereur est vaincu et fait prisonnier. Après cette journée funeste, les quelques centaines d'hommes d'armes qui restent sous les ordres de Dandolo et de Villehardouin regagnent péniblement, sous la direction de ce dernier, les côtes de la Propontide. Henri, frère de Baudouin, est élu régent. Mais tous ses efforts ne peuvent empêcher les Bulgares d'arriver jusqu'aux abords de Constantinople. L'empire ne consiste plus guère qu'en une capitale. Amis ou ennemis, personne ne trouve plus grâce devant Joannis.

A partir de cet endroit, l'ouvrage de Villehardouin n'est plus qu'une suite de petits récits militaires où, au milieu des marches et des contremarches, des sièges, des escalades et des surprises, on distingue cependant une idée générale. C'est que les Grecs d'Europe, si horriblement traités par leur allié, tendent à se rapprocher des Latins. Un des leurs, Branas, qui a épousé une Française (1), traite même avec Henri, que la mort de son frère vient de faire empereur (1206). Les villes ferment leurs portes aux Bulgares. Joannis, poursuivi, n'ose livrer bataille. On lui enlève même vingt mille prisonniers, qu'il emmenait de Dimotica. Il ne lui reste plus qu'à s'entendre avec Lascaris, de telle sorte que l'empereur et les siens soient pris entre deux feux.

C'est ce qu'il fait et ce qui lui permet de reparaître devant Andrinople, tandis que son allié harcèle, sur la côte asiatique, les petites places de la Propontide. Mais Henri et ses lieutenants se multiplient et finissent par contraindre Lascaris à conclure une longue trêve. Dès lors l'empereur pourra

(1) Agnès, sœur de Philippe-Auguste, veuve de l'empereur Alexis II et de l'usurpateur Andronic.

se retourner contre le Bulgare, et la fortune semble vouloir lui sourire.

Depuis quelque temps, d'ailleurs, sa puissance et ses chances de succès se sont accrues par une alliance précieuse. Le plus redoutable et le moins docile de ses vassaux, Boniface de Montferrat, las sans doute de l'isolement où il a paru jusque-là vouloir se renfermer, et menacé, lui aussi, par Joannis, a pris le parti d'offrir à son suzerain un concours sans réserve. Vers la fin de 1206, il lui a fait proposer en mariage sa fille Agnès, qu'il a mandée d'Italie et qui vient d'arriver à Salonique. Henri, après mûre réflexion, a trouvé l'offre avantageuse, et cette union a été célébrée au mois de février 1207.

« Endementiers fu tant del temps passé que li Noels fu passez. Lors vindrent li message le marchis à l'empereor en Constantinoble, et li distrent de par le marchis que il avoit envoié sa fille en galies, à la cité d'Aines. Et lors envoia l'empereres Henri Joffroi le mareschal de Romenie et de Champaigne, et Milon le Braibant, por querre la dame ; et chevauchierent par lors jornées tant que il vindrent à la cité d'Aines. Et troverent la dame, qui mult ere bone et bele ; et la saluerent de par lor seignor Henri l'empereor de Constantinoble, et l'amenerent à grant honor en Constantinoble. Et l'esposa l'empereres Henri au mostier Sainte-Sophie... à grant joie et à grant honor ; et porterent corone ambedui ; et furent les noces haltes et planières el palais de Bouchelion... » (Ch. 106.)

TRADUCTION.« Cependant le temps avait si bien passé que Noël était passé. Alors vinrent les messagers du marquis à l'empereur en Constantinople, et ils lui dirent de la part du marquis qu'il avait envoyé sa fille en galère, à la cité d'Aine. Et alors l'empereur Henri envoya Geoffroy, le maréchal de Romanie et de Champagne, et Milon le Brebant, pour quérir la dame ; et ils chevauchèrent dans leurs journées tant qu'ils vinrent à la cité d'Aine. Et ils trouvèrent la dame, qui était bien bonne et belle, et la saluèrent de la part de leur seigneur Henri l'empereur de Constantinople, et l'amenèrent en grande pompe à Constantinople. Et l'empereur Henri l'épousa à l'église Sainte-Sophie, en grande joie et en grand honneur ; et ils portèrent tous deux la couronne, et les noces se firent superbes et plénières au palais de Bouchelion... »

C'est après ce mariage et le traité signé par Lascaris que l'empereur tourne toutes ses forces contre Joannis. En juin, nous le voyons harceler les Bulgares sur leurs terres, bien au delà d'Andrinople. De retour dans cette ville, qu'il ravitaille et pourvoit de son mieux, il est convié à une entrevue par son beau-père, qui n'a pu jusqu'alors lui rendre l'hommage féodal qu'il lui doit comme roi de Thessalonique et qui désire s'entendre avec lui sur les opérations militaires à entreprendre. La rencontre, fort cordiale, a lieu près de Cypsela, sur les bords de la Maritza.

« Et ensi, dit notre auteur, sejornerent par deuz jors en

cele praerie à mult grant joie et distrent (puisque Diex avoit doné que il pooient venir ensemble) que encore porroient il grever lor anemis. Et en pristrent un parlement, que il seroient à l'issue d'esté, el mois d'octubre, à tot lor pooir, en la praerie de la cité d'Andrinople, por hostoier sor le roi de Blaquie. Et ensi departirent mult lié et mult haitié : li marchis s'en ala à Messinople, et l'empereres Henri vers Constantinoble... » (Ch. 115.)

Traduction. « Et ils séjournèrent ainsi pendant deux jours en cette prairie avec bien grande joie et dirent (puisque Dieu avait donné qu'ils pussent se réunir) qu'ils pourraient encore maltraiter leurs ennemis. Et ils se donnèrent parole qu'ils seraient à l'issue de l'été, au mois d'octobre, avec leurs forces, en la cité d'Andrinople, pour guerroyer contre le roi de Blaquie. Et ils se séparèrent ainsi bien joyeux et bien dispos : le marquis s'en alla à Messinople et l'empereur Henri vers Constantinople... »

Mais Boniface ne devait pas se trouver au rendez-vous. Ses jours étaient comptés, et c'est justement au retour de cette entrevue avec son gendre qu'il allait trouver la mort. A peine arrivé à Messinople, il apprend qu'une horde de Bulgares ravage le pays tout alentour. Il saute à cheval, sans haubert et sans casque, court sus à l'ennemi, le poursuit loin, trop loin, et tout à coup, blessé à mort, commence à perdre des flots de sang.

« Et quant sa gent virent ce, si se comencierent à esmaier et à desconforter et à mavaisement maintenir. Et cil qui furent entor le marchis le sostindrent, et il perdit mult de sanc ; si se commença à pasmer. Et quant ses genz virent que il n'auroient nule aïe de lui, si s'escomencierent à esmaier ; et le comencent à laissier. Ensi furent desconfit par ceste mesaventure ; et cil qui remestrent avec lui (et ce fu po) furent mort. Et li marchis Bonifaces de Monferrat ot la teste colpée ; et la gens de la terre envoierent Johannis la teste, et ce fu une des graignors joies que il aust onques. Halas ! con dolorous domages ci ot à l'empereor Henri et à tos les Latins de la terre de Romenie, de tel homme perdre par tel mesaventure, un des meillors barons et des plus larges, et des meillors chevaliers qui fust el remanant dou monde ! Et cest mesaventure avint en l'an de l'incarnation Jésu-Crist mil deus cens et sept anz. » (Ch. 116.)

Traduction. « Et quand ses gens virent cela, ils commencèrent à se troubler et à se décourager, et à se mal tenir. Et ceux qui étaient autour du marquis le soutinrent, et il perdait beaucoup de sang ; et il commença à se pâmer. Et quand ses gens virent qu'il ne pourrait plus s'aider, ils commencèrent à s'effrayer ; et ils commencent à le laisser. Ainsi furent-ils déconfits par mésaventure, et ceux qui restèrent avec lui (et ils étaient peu) furent tués. Et le marquis Boniface de Montferrat eut la tête coupée. Et les gens de la terre envoyèrent à Johannis la tête, et ce fut une des plus grandes joies qu'il eut jamais. Hélas ! Quel douloureux dommage ce fut à l'empereur Henri et à tous les Latins de la terre de Romanie, de perdre un tel homme par une telle mésaventure, un des meilleurs barons et des plus larges, et des meilleurs chevaliers qui fût dans le reste du monde ! Et cette mésaventure advint en l'an de l'incarnation de Jésus-Christ mil deux cent et sept. »

C'est sur ce tragique incident que Villehardouin clôt brusquement son œuvre. A-t-il été arrêté à cet endroit par la mort ? Le courage lui a-t-il manqué pour continuer ? S'est-il jugé quitte envers l'histoire, après avoir conté la fin de l'homme qui avait été son bienfaiteur, son ami, et à la cause duquel il s'était dès l'origine si fermement attaché ? Nous ne savons. Quoi qu'il en soit, il est bien regrettable que le maréchal de Romanie ne nous ait pas transmis le récit des derniers événements dont il a été témoin. Heureusement ce qui nous reste de lui nous permet de le juger en connaissance de cause. Nous nous sommes borné jusqu'ici à retracer sa vie et à analyser sa chronique. Nous avons maintenant à apprécier l'autorité historique, la moralité et la valeur littéraire de cet ouvrage.

CHAPITRE IV

VILLEHARDOUIN (*suite*). — SON AUTORITÉ HISTORIQUE.

L'exactitude est pour l'historien le premier des devoirs, et il ne saurait le remplir qu'à la condition d'être bien informé. Nul, à coup sûr, n'a pu être plus exact que Villehardouin. Je dis n'a pu, parce qu'il y a lieu de se demander, on va le voir tout à l'heure, s'il a toujours voulu l'être. Il est certain qu'en ce qui concerne la quatrième croisade, il était mieux en mesure que personne, grâce à sa naissance, à son rang, à ses relations, aux fonctions diverses qu'il eut à remplir, de tout voir, de tout entendre et de tout révéler à la postérité. Les dessus et les dessous de cette entreprise singulière lui étaient également familiers. Du commencement à la fin il fut, nous l'avons vu, et lui-même s'en vante, de tous les combats et de tous les conseils. Homme de confiance du comte de Champagne et, plus tard, du marquis de Montferrat, chef de l'expédition, haut dignitaire de l'empire sous Baudouin et sous Henri, ami personnel du doge Dandolo, militaire de talent, diplomate consommé, il n'a dû rien ignorer, parce qu'on ne pouvait avoir de secrets pour lui. Si donc il a péché dans le récit que nous venons d'analyser, nous avons le droit d'affirmer que ce n'est pas par ignorance.

Nous devons tout d'abord constater qu'en écrivain loyal il n'avance aucun fait qui ne soit rigoureusement vrai. Tous les événements qu'il raconte ont eu lieu tels qu'il les expose. La plupart de ses témoignages sont confirmés par d'autres historiens (1). Les autres ne sont point contestés, et nous sommes fondés à les tenir pour exacts. Sa chronologie est assez précise et n'est point généralement fautive. S'il défigure les noms propres, c'est un travers qui lui est commun avec tous ses contemporains et dont les Français ne se sont guère corrigés, même dans les temps modernes. Si le nom grec Mourzouphlos devient *Morchuflex* sous sa plume, s'il transforme Isaac en *Sursac*, Théodore Lascaris en *Todres li Ascres*, s'il écrit *Finepople* pour Philippopoli, le *Dimot*,

(1) Les principales sources à consulter pour contrôler Villehardouin sont la chronique latine de Günther, moine alsacien qui faisait partie de la quatrième croisade ; — la chronique française de Robert de Clari, gentilhomme Picard, qui fut un des compagnons d'armes de notre auteur ; — les lettres du pape Innocent III, — et l'ouvrage de l'historien grec Nicétas.

le *Churlo*, pour Didymotique et Tzurulum, et *Naples* pour Apros, ce ne sont là que des peccadilles. Nous disons bien *Ratisbonne* au lieu de Regensburg, sans induire pour cela personne en erreur. Il est bien peu des noms de villes cités par notre auteur que nous ne puissions facilement redresser à l'aide d'une carte, et bien peu de ses personnages dont l'identification ne nous soit facile.

Villehardouin n'échappe pas, il est vrai, à un reproche plus grave, qui s'adresse non point à la matérialité de son récit, mais à l'esprit même dans lequel il a conçu et rédigé sa chronique. Il ne suffit pas à l'historien, pour être inattaquable, de dire la vérité, et rien que la vérité. Il faut aussi qu'il la dise tout entière. Dire sans fraude une partie de ce que l'on sait et retenir le reste, cela peut être habile et prudent pour qui veut éviter de se compromettre ou n'est pas sûr d'avoir toujours bien agi. Mais si les réticences ne sont pas absolument des mensonges, elles ont pour résultat, comme eux, de fausser l'histoire. C'est par là que notre auteur, bien qu'il ne soit pas sans excuse, nous paraît mériter, contrairement à l'opinion commune, d'être jugé avec quelque sévérité.

On vante généralement sa sincérité, sa droiture On n'a point tort à certains égards. Mais il n'est pas mauvais de faire quelques réserves. On est allé jusqu'à le trouver naïf. Qu'il y ait dans son langage une certaine bonhomie, d'autant plus touchante qu'elle est toujours grave, je ne le nie point. Mais Villehardouin n'était point un esprit naïf. C'était, à ce qu'il me semble, un Champenois fort avisé, je dirais même un peu madré, fort sensible à la gloire, mais aussi aux honneurs et au profit, sachant le prix de la parole et n'ignorant pas celui du silence. Dans la grande entreprise qu'il nous raconte et à laquelle il avait si fort participé, tout n'avait point été d'une absolue correction, suivant les idées de son temps et suivant celles du nôtre. Il en avait conscience. Aussi ne nous dit-il que ce qu'il a voulu dire et laisse-t-il de côté les souvenirs qui le gênent. C'est ce qu'il est facile d'établir en examinant, grâce aux documents du XIIIe siècle qui permettent de compléter son récit, les deux points principaux sur lesquels il nous paraît avoir systématiquement évité de porter la lumière.

Le pape Innocent III avait fait prêcher la croisade pour délivrer Jérusalem. Pourquoi et comment l'expédition a-t-elle été détournée de son but? Villehardouin le sait à merveille, mais ne nous donne à cet égard que des explications tout à fait insuffisantes.

D'autre part, le maréchal de Champagne se croyait-il bien dans son droit en allant imposer aux Grecs, par le fer et le feu, la domination latine ? N'a-t-il pas dissimulé de parti pris ce que la conduite des vainqueurs a eu d'odieux, ce que les plaintes et la résistance des vaincus avaient de légitime ? Sur ce sujet comme sur le précédent, il est manifestement édifié. Son silence est un aveu qui l'accuse.

En ce qui concerne la déviation de la croisade, il fait ce qu'il peut pour nous convaincre qu'elle n'était point préméditée, qu'elle ne fut qu'un accident, qu'il n'en fut pas question avant la seconde moitié de l'an 1202, c'est-à-dire avant le moment où les *pèlerins* se trouvèrent réunis à Venise. Mais de nos jours, grâce à de savantes recherches, la lumière a été faite sur cette affaire (1). Villehardouin est bien obligé de reconnaître qu'à partir du moment où le marquis de Montferrat avait été proclamé chef de la croisade, un grand nombre de croisés, au lieu d'aller le rejoindre, avaient pris le parti de se rendre directement et pour leur compte en Palestine. Pourquoi ? C'était, nous dit-il, « por ce que cist, et maint autre, douterent le grant peril que cil de Venise avoient empris « (parce que ceux-là et bien d'autres redoutèrent le « grand péril où ceux de Venise s'étaient engagés). »

(1) V. notamment sur cette question l'important travail de M. Riant dans la *Revue des questions historiques* (année 1875).

Mais cette raison n'est pas sérieuse, car il n'y avait pas moins de danger à affronter les Turcs en Syrie qu'à attaquer les Grecs à Constantinople.

Pourquoi, du reste, notre chroniqueur ne dit-il absolument pas un mot de tout ce qui se passa entre l'acceptation du commandement par Boniface et la réunion de l'armée à Venise, c'est-à-dire entre septembre 1201 et juin 1202 ? C'est que c'est justement pendant cette période que fut ourdie l'intrigue qui devait entraîner l'expédition de Constantinople.

Villehardouin ne nous dit pas que le marquis de Montferrat avait depuis longtemps des vues sur certaines parties de l'empire grec, et notamment sur la ville et le territoire de Salonique. L'ignorait-il quand il le présenta aux barons et le leur fit accepter comme général ? Il passe sous silence que le roi des Romains, Philippe de Souabe, qui avait épousé la fille d'Isaac (l'empereur déchu), rêvait à ce moment même soit de s'asseoir sur le trône de Constantinople, soit d'y faire monter une de ses créatures ; que son beau-frère Alexis, échappé des prisons de son oncle, vint le trouver en 1201 et obtint de lui la promesse d'un appui sérieux ; que Boniface, cousin germain de Philippe, possédait toute sa confiance, qu'il alla conférer avec lui en Allemagne à la fin de cette même année et reçut de lui mission de conquérir l'empire avec l'aide des croisés, au nom du jeune prince ; que, pour colorer aux yeux du pape le changement de direction de la croisade et l'attaque d'un État chrétien, tous deux firent miroiter la soumission depuis longtemps désirée de l'Église grecque à l'Église romaine(1); qu'Alexis, puis Boniface, allèrent, dès les premiers mois de 1202, proposer l'affaire à Innocent III ; que ce dernier, songeant avant tout à Jérusalem et ne voulant rien devoir à son adversaire allemand, les repoussa ; que son refus dut être de bonne heure connu d'un grand nombre de croisés ; mais qu'il n'empêcha pas les auteurs du projet de persévérer

En septembre 1202, on était à Venise. Mais les désertions se multipliaient. Les chefs étaient menacés de voir l'*ost dépecier*, c'est-à-dire d'assister à la décomposition de l'armée. Pour être bien sûr qu'elle ne se dispersera pas, on l'embarque sans lui donner avis que les chefs de la croisade, Vénitiens et Français, sont déjà d'accord pour marcher sur Constantinople et négocient à cet effet un traité avec Philippe de Souabe. On fait voile vers Zara. Mais on a soin de mettre six semaines pour s'y rendre, quand il ne faudrait que deux jours. Pourquoi? Villehardouin

(1) Depuis le IXe siècle, mais surtout depuis le XIe, l'Eglise catholique grecque, dont Constantinople était le principal siège, s'était soustraite à l'obédience de la cour de Rome.

n'en veut rien dire. C'est pour avoir le temps de conclure le traité et de faire une nouvelle démarche auprès du pape ; c'est aussi pour gagner l'hiver, excellent prétexte qui permettra de renvoyer au printemps le départ pour la Palestine. Boniface est « resté ariere, écrit simplement le chroniqueur, *por « affaire que il avoit* (resté en arrière pour une affaire « qu'il avait) ». Cette affaire, c'est le voyage de Rome. Mais, quelque pressant qu'il soit, il échoue encore une fois devant l'inflexible volonté d'Innocent III. Même le Souverain Pontife condamne sévèrement l'expédition de Zara et enjoint aux croisés de partir pour l'Orient, toutes affaires cessantes. Rien de tout cela dans Villehardouin. Aussi ne s'explique-t-on guère, en le lisant, la vivacité singulière avec laquelle une partie des barons et des prélats combattent la proposition d'attaquer l'empire grec, qui leur est enfin soumis en janvier 1203. A ce moment, la convention allemande est conclue. Boniface a rejoint ses troupes et poursuit son dessein. L'abbé de Vaux-Cernay (muni d'instructions du pape, dont ne parle point notre auteur) est le plus ardent à combattre sa proposition. Les chefs passent outre et signent pour leur compte. Mais l'abbé quitte l'armée ; avec lui Simon de Montfort et un grand nombre de croisés, dont Villehardouin se contente de flétrir la désertion sans en donner la raison. L'armée est encore une fois sur le point de se dissoudre. On se hâte de la rembarquer et on la mène à Corfou (avril 1203).

Remarquez qu'à ce moment Boniface vient de recevoir d'Innocent III une bulle d'excommunication à l'adresse des Vénitiens et une nouvelle défense d'attaquer l'empire grec. Que fait-il? Il garde simplement ces pièces par devers lui et se targue de l'approbation du Saint-Père. Remarquez encore que jusque-là les plus hauts barons ont été seuls admis à délibérer avec lui et que la masse de l'armée n'a pas encore été consultée. Toutes ces circonstances sont soigneusement omises par Villehardouin. Au delà de Corfou, il faut absolument opter entre la direction de l'Egypte ou de la Syrie et celle du Bosphore. Voilà pourquoi c'est dans cette île que Boniface révèle enfin à la foule le grand projet depuis si longtemps conçu. Voilà pourquoi c'est à Corfou que l'armée, maintenant bien instruite de ce qu'elle n'avait fait jusque-là que soupçonner, se soulève et menace de déserter en masse. Le maréchal de Champagne signale simplement le fait, sans l'expliquer. Comment la sécession est-elle conjurée? Par les prières et les larmes du marquis et des trois grands comtes, nous dit-il. Ce qu'il n'ajoute pas, c'est que, grâce à un nouveau traité, consenti par Alexis, ils peuvent offrir aux seigneurs du second rang d'énormes sommes d'argent et que la corruption, plus encore que la persuasion, détermine enfin les croisés à les suivre.

On voit par les considérations qui précèdent combien peu Villehardouin doit être jugé naïf. Il a été de tous les conseils, surtout des conseils intimes. Il a donc su dès l'origine qu'il s'agissait non d'aller délivrer Jérusalem, mais d'aller attaquer Constantinople. N'exagérons rien toutefois. Il a bien pu croire, du moins au début, que cette déviation de la croisade n'en entraînerait pas l'abandon pur et simple. Bien au contraire, disait-il, l'armée gagnerait par là une excellente base d'opérations.

« Sachez, disait-il avec ses amis, que par la terre de Babiloine *ou par Grece* iert recovrée la terre d'oltremer, s'ele jamais est recouvrée. Et se nos refusons ceste convenance, nos somes honi à toz jorz... » (Ch. 20.)

Traduction. « Sachez que c'est par la terre de Babylone *ou par la Grèce* que sera recouvrée la terre d'outremer, si jamais elle est recouvrée. Et si nous refusons cette convention, nous sommes honnis pour toujours... »

Cependant il ne paraît pas avoir renouvelé plus tard l'emploi de cet argument de circonstance. Une fois Constantinople prise et l'empire partagé entre les Latins, on cessa peu à peu de parler de Jérusalem.

Ce qui avait été bon à prendre était bon à garder. Le maréchal de Champagne, comme beaucoup d'autres, se jugea sans doute quitte de son vœu. S'il avait fort bien fait ses affaires, n'avait-il pas aussi fait celles du Saint-Siège ? N'avait-il pas contribué à faire rentrer l'Eglise grecque sous l'obédience de l'Eglise romaine ? dès lors, qu'est-ce que *l apostoile* pouvait reprendre à sa conduite ?

Je crois pour ma part que Villehardouin trouvait cette excuse suffisante. Il n'était certainement ni mécréant ni porté à pactiser avec le schisme ou l'hérésie. Il était d'un siècle qui n'a point brillé par la tolérance. Il lui paraissait, je crois, fort légitime de contraindre une nation, même par le fer, à adopter les formes du culte que lui-même pratiquait. Il était, sous ce rapport, tout à fait de l'avis des *clercs* qui démontraient aux croisés combien il était juste de détrôner Murzuphle.

« Porquoi nos vos disons, fait li clergiez, que la bataille est droite et juste ; et se vos avez droite entention de conquerre la terre et mettre à l'obedience de Rome, vos arez le pardon tel cum l'apostoiles le vos a otroié, tuit cil qui confès i morront... » (Ch. 48.)

Traduction. « C'est pourquoi nous vous disons, fait le clergé, que la guerre est bonne et juste ; et si vous avez bonne intention de conquérir la terre et de la mettre en l'obédience de Rome, vous aurez l'indulgence telle que le pape vous l'a octroyée, tous ceux qui y mourront confessés... »

Si tels étaient ses sentiments, il n'est pas étonnant qu'il ait contribué sans scrupule à une oppression religieuse qui ne devait avoir pour résultat que d'exaspérer les vaincus. Mais s'il ne pouvait partager l'attachement des Grecs pour leur Eglise, il devait au moins le comprendre et surtout le constater. Or l'on ne voit nulle part dans son ouvrage qu'il en tienne grand compte. Il ne peut ignorer, lui qui a vu les choses de si près, que chez les Byzantins, fort dignes à beaucoup d'égards de son dédain, l'amour du rite établi et l'aversion pour le pape étaient seuls assez puissants pour leur inspirer parfois un peu de patriotisme et de courage. Mais ses préjugés de Latin et de catholique lui retiennent la plume. Il sait fort bien, par exemple, que le jeune Alexis, que les Vénitiens promènent à la vue des Grecs pour le faire applaudir, ne doit recueillir que mépris, justement parce qu'il est présenté par les Latins. Pourquoi semble-t-il l'ignorer ? Il sait que l'usurpateur est aimé parce qu'il défend la religion de son peuple, et seulement tant qu'il la défend. Il sait qu'Isaac et Alexis ne tombent que parce qu'ils ont été imposés par les croisés et qu'ils sont renversés, non pas, comme il le dit, par une simple révolution de palais, mais par un soulèvement populaire. C'est là ce que démontrent les récits des historiens grecs. Villehardouin, lui, ne tient nul compte des dispositions morales qu'il n'éprouve point. Que les vaincus soient attachés à leur culte, peu lui importe. Il a fait triompher le sien ; c'est à ses yeux la meilleure preuve que Dieu était avec lui, et il n'en dit pas plus long.

« Ensi (écrit-il à propos des croisés après la prise de Constantinople) firent la Pasque florie et la grant Pasque après, en cele honor et cele joie que Diex lor ot donée. Et bien en durent Nostre-Seignor loer ; que il n'avoient mie plus de vint mil homes armez entre uns et altres ; et par l'aïe de Dieu si avoient pris quatre cens mil homes ou plus, et en la plus fort vile qui fust en tot le munde (qui granz vile fu) et la mielz fermée... » (Ch. 55.)

Traduction. « Ils firent ainsi la Pâque fleurie et la grande Pâque après, en cet honneur et cette joie que Dieu leur avait donnés. Et ils en durent bien louer Notre-Seigneur ; car ils n'avaient pas plus de vingt mille hommes armés entre eux tous ; et par l'aide de Dieu ils avaient pris quatre cent mille hommes, et dans la plus forte ville qui fût au monde (et qui était une grande ville) et la mieux fortifiée... »

L'événement dont il loue le Seigneur est, en somme, un des faits les plus lamentables dont l'histoire fasse

Prise de Constantinople par les croisés.

mention. Constantinople, on le sait, ne fut pas seulement prise ; elle fut horriblement saccagée et en grande partie brûlée. On massacra dans les rues jusqu'à en tomber de lassitude. Toutes les passions brutales furent déchaînées. Des milliers d'habitants durent prendre la fuite pour éviter la mort ou l'outrage. Les chefs-d'œuvre de l'art antique, accumulés depuis dix siècles dans la capitale de l'empire, ce que la civilisation romaine et grecque avaient laissé de plus précieux, les statues, les mosaïques, les vases ciselés, tout ou à peu près fut brisé, détruit, comme par une horde de sauvages. Les Goths et les Vandales s'étaient comportés à Rome avec moins de barbarie que les croisés ne firent à Constantinople. Eh bien ! le tableau de cet embrasement, de ce massacre, de ce pillage, cherchez-le dans Villehardouin : vous ne le trouverez pas. Les quelques lignes froides et sèches que nous avons citées plus haut sont à peu près tout ce qu'il a jugé bon d'écrire sur ces scènes honteuses. Si l'on veut en trouver le détail, c'est le moine Günther qu'il faut lire ; c'est surtout l'historien grec Nicétas, qui a vu égorger les enfants, insulter les femmes, incendier les palais, briser les statues à coups de marteaux.

« ... Vous êtes donc les sages, s'écrie-t-il, les hommes sincères, véridiques et loyaux ! Vous qui vous dites plus pieux, plus justes, plus obéissants à Jésus-Christ que nous autres Grecs! Vous qui avez pris sa croix sur vos épaules, qui avez promis par son nom et par la parole de Dieu de traverser les pays chrétiens sans répandre de sang, de ne plonger vos épées que dans le sang des Sarrasins, de conquérir Jérusalem et de respecter les femmes en votre qualité de guerriers consacrés à Dieu ! Vous êtes des vantards! car pendant que vous avez en vue le Saint-Sépulcre, vous exercez vos fureurs contre des chrétiens ; pendant que vous portez la croix, vous la jetez dans la boue pour une poignée d'or ou d'argent. Vous ramassez des perles et vous foulez aux pieds la perle la plus précieuse, Jésus-Christ ! Les Ismaélites ont traité avec plus d'humanité et de modération Jérusalem qu'ils ont conquise : ils n'ont pas outragé les femmes ; ils n'ont pas jonché de cadavres le tombeau du Christ... ils n'ont pas exercé leur rage par l'épée, l'incendie, le pillage et la famine comme vous, qui vous appelez des chrétiens (1) !... »

Certes, il ne serait pas juste de demander à Villehardouin de pareils éclats de réprobation. On peut être tenté de croire que le vaincu exagère, qu'il enfle la voix. On peut croire que le sac de Constan-

(1) Nicétas a consacré tout un livre de son *Histoire* (qui en comprend 21) au *sac de Constantinople.*

tinople devait paraître chose toute naturelle aux Latins et qu'il y a quelque anachronisme à supposer le contraire. Pourtant, même au XIIe siècle et dans une société qui ne s'apitoyait guère sur le sort des villes prises d'assaut, cette orgie de meurtre et de pillage parut un crime. Le pape Innocent III flétrit solennellement cet inqualifiable abus de la force brutale, et nous ne pensons pas que les plaintes de Nicétas paraissent excessives quand on aura lu les lignes suivantes que ce pontife adressait aux croisés à propos de l'événement en question :

« Comme dans votre obéissance au Crucifié vous avez fait vœu de délivrer la Terre-Sainte du pouvoir des païens, et qu'il vous était défendu, sous peine d'excommunication, d'attaquer un pays chrétien ou de lui causer des dommages, à moins que ses habitants ne s'opposassent à votre passage ou vous refusassent le nécessaire (et dans ce cas vous ne deviez rien entreprendre à l'insu du légat), et comme vous n'aviez ni droits ni prétentions sur la Grèce, vous vous êtes écartés avec légèreté de votre vœu ; vous n'avez pas porté l'épée contre les Sarrasins, mais contre des chrétiens ; vous n'avez pas conquis Jérusalem, mais Constantinople ; vous avez préféré les richesses terrestres aux trésors célestes. Mais ce qui plus que tout cela pèse fortement sur vous, c'est que vous n'avez épargné aucune chose sacrée, aucun âge, aucun sexe; vous n'avez pas été satisfaits des trésors impériaux et des biens des grands et des petits, mais vous avez porté la main même sur les richesses de l'Église et sur ses propriétés; vous avez pillé les tables d'argent des autels, vous avez enfoncé les sacristies, volé les croix, les images, les reliques, de sorte que l'Église grecque, quoique pressée par la persécution, refuse cependant l'obéissance au Siège apostolique, parce qu'elle ne voit dans les Latins que trahison et œuvres de ténèbres et les exècre comme des chiens. »

Toutes les abominations signalées ainsi par Innocent III ne semblent pas, nous le répétons, avoir fait une bien profonde impression sur l'âme un peu élastique du baron champenois. De même qu'il a fini par se désintéresser en fait du sort de la Terre-Sainte, il prend assez philosophiquement son parti des malheurs des Grecs. Ils sont vaincus : on les égorge et on les pille, c'est le sort de la guerre. Si notre chroniqueur s'indigne, ce n'est pas de ce qu'on a mis à sac Constantinople, mais de ce que les pillards n'ont pas tous apporté fidèlement à la masse le produit de leurs rapines, pour en faire un partage équitable et loyal. Cette improbité lui paraît tout à fait condamnable, et il ne constate pas sans une certaine satisfaction que les chefs de l'armée la désapprouvèrent et s'efforcèrent de la punir.

« Assemblez fu li avoir et li gaains; et sachiez que il ne fu mie toz aportez avant ; quar assez en ot de ceus qui en retinrent, seur l'escomuniement de l'apostole... Et de l'embler, cil qui en fu revoiz, sachiez que il en fu fait grant justise; et assez en i ot de penduz. Li cuens de Saint-Pol en pendi un suen chevalier l'escu al col, qui en avoit retenu ; et mult i ot de cels qui en retindrent, des petiz et des granz; mais ce ne fu mie seu.... Li uns aporta bien, et li autres mauvaisement ; que covoitise, qui est racine de toz mals, ne laissa ; ainz comencierent d'enqui en avant li covotous à retenir des choses, et Nostres Sires les comença mains à amer. Ha ! Diex, con s'estoient leialment demené trosques à cel point ! et Dam Diex lor avoit bien mostré que de toz lor afaires les avoit honorez et essauciez sor tote l'autre genz. Et maintes foiz ont domage li bon por les malvais... » (Ch. 56.)

Traduction. « L'avoir fut rassemblé et le butin ; et sachez qu'il ne fut pas tout apporté en commun ; car il y en eut assez de ceux qui en retinrent sous l'excommunication du pape... Pour les vols, celui qui en fut convaincu, sachez qu'il en fut fait grande justice ; et il y en eut assez de pendus. Le comte de Saint-Pol pendit un sien chevalier, l'écu au cou, qui avait gardé quelque chose; et il y en eut beaucoup qui en gardèrent, des petits et des grands ; mais cela ne fut pas su... L'un apporta bien et l'autre mauvaisement ; car convoitise, qui est racine de tous maux, ne laissa pas faire. Mais les convoiteux commencèrent dorénavant à retenir quelque chose, et Notre-Seigneur commença à les moins aimer. Ha ! Dieu, comme ils s'étaient loyalement conduits jusqu'à ce moment ! et le Seigneur Dieu leur avait bien montré qu'en toutes leurs affaires il les avait honorés et exaucés par-dessus toutes les autres gens. Et maintes fois les bons souffrent dommage pour les mauvais... »

Les lignes qu'on vient de lire prouvent que Villehardouin était un homme d'ordre qui, s'il n'avait guère pitié des vaincus, n'entendait pas du moins que les vainqueurs se fissent du tort les uns aux autres. Il était même assez éclairé pour comprendre que, la fièvre du combat une fois tombée, il était bon de traiter les populations soumises avec une certaine modération. C'était de l'intérêt bien entendu. Les barons qui se répandirent, à titre de seigneurs, dans les diverses parties de l'empire, exaspérèrent leurs sujets par leur tyrannie et leurs exactions. Notre chroniqueur les blâme, parce qu'ils provoquèrent ainsi un soulèvement général. Mais s'ils eussent eu l'art de pressurer sans faire crier, il est bien probable qu'il ne se fût pas avisé de les désapprouver.

En résumé, Villehardouin a vu de très près les événements qu'il raconte. Il en connaissait mieux que personne tous les détails. Mais il y avait contribué avec trop de zèle et de passion pour les pouvoir exposer avec une parfaite impartialité. Il avait pris la croix et n'était pas allé en Palestine : il lui eût été trop dur d'avouer qu'il y avait là un peu de sa faute. En portant sans motif plausible la ruine dans un Etat civilisé, il avait coopéré à une mauvaise action : il lui en coûtait de le reconnaître. A tout prendre, il n'était point sans excuse. Beaucoup avaient agi comme lui et ne se jugeaient pas fort coupables. Nous n'avons eu, du reste, à l'apprécier que comme historien. Comme homme, il se faisait de ses devoirs, on le verra tout à l'heure, une idée un peu différente de celle qu'aurait eue des siens un parfait chrétien ou un philosophe. Il avait de l'honneur, à la façon d'un grand nombre de ses contemporains. De là la moralité particulière de son livre, que nous demandons au lecteur la permission de faire ressortir dans les pages qui vont suivre.

CHAPITRE V

VILLEHARDOUIN (*suite*). — SON CARACTÈRE ET SES IDÉES.

Villehardouin n'avait point, on a pu s'en convaincre, l'étoffe d'un saint ou d'un philanthrope. Mais on se tromperait fort si l'on ne voyait en lui qu'un aventurier. Il ne dédaignait ni la fortune ni la puissance ; bien s'en faut. Mais il ne les eût pas recherchées par tous les moyens. Il avait au plus haut point le sentiment des obligations féodales. Elles primaient tout, à ses yeux, et pour rien au monde il ne les eût enfreintes. Etait-ce un bon seigneur ? Je ne sais. Mais c'était, à coup sûr, un vassal modèle, dévoué à la personne de son suzerain, soucieux des engagements qu'il avait envers lui et n'ayant même pas la pensée de s'y soustraire. Soldat loyal et ferme, le premier devoir était à ses yeux la fidélité au drapeau. Le déserter, pour quelque raison que ce fût, était, à son sens, le plus grand des crimes. Aussi son livre nous donne-t-il une idée fort nette de ce que les mœurs de la chevalerie, si barbares et si grossières encore au XIIIe siècle, entretenaient de sentiments honorables dans certaines âmes. Ses jugements sur les hommes découlent presque toujours de l'opinion qu'il s'est faite de leur loyauté ; et la loyauté, pour lui, c'est l'inviolable attachement du sujet au seigneur.

Certes, le maréchal de Champagne était bon catholique. Nous devons croire qu'il s'était croisé de grand cœur et qu'il avait pris sans arrière-pensée l'engagement d'aller combattre en Palestine. Pourtant il ne le tint pas et ne crut point avoir pour cela forfait à l'honneur. Il se serait au contraire jugé indigne du nom de gentilhomme s'il eût manqué à celui qui le liait personnellement au marquis de Montferrat, à celui qui l'attacha plus tard à l'empereur Baudouin. Là où était le chef de l'armée, là était pour lui le devoir. Quoi qu'il pût advenir, il le fallait suivre. Toute considération, même religieuse, toute crainte, même celle de l'excommunication, devait céder devant cette obligation sacrée.

Cette disposition d'esprit de Villehardouin nous explique non seulement qu'il n'ait jamais eu la pensée de faire comme tant d'autres qui, se méfiant de Boniface, partaient sans l'attendre ou le quittaient pour se rendre en Syrie, mais qu'il les juge dans son livre avec une injuste sévérité et ne parle jamais d'eux qu'avec une aigreur et une amertume mal dissimulées.

« ... Malvaisement, écrit-il, tinrent couvent à lor seignor,... dont il reçurent grant honte et mult en furent blasmé, et dont grant mesaventure lor en avint puis... Halas! il l'atendirent si malvaisement que onques covent ne lor tindrent; ainz s'en alèrent en Surie, où il savoient que il ne feroient nul esploit... Ensi partirent cil de l'ost con vos avez oï, mult fu granz domages à l'ost et très grant honte à cels qui le firent. » (Ch. 10, 21.)

Traduction. « ... Mais ils tinrent bien mal parole à leur seigneur,... dont ils reçurent grande honte et en furent bien blâmés, et dont grande mésaventure leur advint depuis... Hélas! ils agirent bien mauvaisement, car jamais ils ne leur tinrent parole; mais ils s'en allèrent en Syrie, où ils savaient qu'ils ne feraient rien d'utile. Ceux-là partirent de l'armée, ainsi que vous l'avez ouï. Ce fut grand dommage à l'armée et grande honte à ceux qui le firent. »

Notre chroniqueur ne se borne pas à flétrir ces dissidents comme de vils et lâches déserteurs. Il leur souhaite tout le mal possible. Aussi constate-t-il avec une satisfaction qu'il ne prend guère la peine de cacher que la plupart d'entre eux échouèrent ou périrent misérablement dans leurs entreprises.

« ... Maint s'en emblerent des menues genz ès nés des mercheanz. En une nef s'en emblerent bien cinq cenz;

si noierent tuit et furent perdu. Une altre compaignie s'en embla par terre, et si s'en cuida aler par Esclavonie : et li païsant de la terre les assaillirent et en occistrent assez; et li altre s'en reparierent fuiant arriere en l'ost. Si parlerons de cels qui alerent as autres porz... Or oïez quex domages fu, quant il ne furent avec cels josté; quar toz jorz mais fust la crestienté alcie. Mais Diex nel volt por lor pechiez : li un furent mort de l'enfermeté de la terre; li autre tornerent en lor païs arriere. Onques nul esploit ne firent ne nul bien, là où il alerent en la terre.... Li Turc del païs lor firent un agait par là où il devoient passer. Et vindrent à els; si se combatirent et furent desconfit li Franc, que onques nus n'en eschampa qui ne fust ou morz ou pris... Et bien tesmoigne li livres que onques nus n'eschiva l'ost de Venise, que maus ou honte ne li avenist, et por ce si fait que sages qui se tient devers le mielx. » (Ch. 21, 50.)

Traduction. « ...Beaucoup d'entre les menues gens se sauvèrent sur les nefs des marchands. En une nef, il s'en sauva bien cinq cents; et ils se noyèrent tous et furent perdus. Une autre compagnie se sauva par terre et pensa s'en aller par l'Esclavonie; et les paysans de la terre les assaillirent et en tuèrent beaucoup; et les autres s'en revinrent fuyant arrière jusqu'à l'armée... Nous parlerons de ceux qui allèrent aux autres ports... Or oyez quel dommage ce fut quand ils ne se réunirent pas avec ceux-là; car la chrétienté en eût été à jamais rehaussée. Mais Dieu ne le voulut pas pour leurs péchés; les uns moururent du mauvais air de la terre; les autres s'en retournèrent en leur pays. Jamais ils ne firent rien de profitable ni de bien, là où ils allèrent en la terre... — Les Turcs du pays leur firent une embuscade là par où ils devaient passer. Et ils vinrent à eux et ils se battirent, et les Francs furent déconfits, si bien que nul n'en échappa qui ne fût ou tué ou pris.... Et le livre témoigne bien que nul n'esquiva l'armée de Venise, que mal ou honte ne lui advînt. C'est pourquoi on agit en sage quand on se tient à ce qui est le mieux.... »

Si Villehardouin se montre si sévère pour ceux que le désir d'accomplir leur vœu de croisade avait portés à quitter l'armée, on doit bien penser qu'il est encore plus dur, et avec plus de raison, pour ceux qui la désertent par simple lâcheté. Voyez, par exemple, en quels termes il parle des chevaliers qui, en face des Grecs soulevés, abandonnèrent dans le château de Philippopoli le brave Renier de Trit. Au nombre de ces déserteurs étaient le fils même et le gendre de ce gentilhomme.

« ... Et s'en cuidoient, nous dit le chroniqueur, venir en Constantinoble; et l'avoient laissié en si grant peril, com vos oez. Si troverent la terre revelée encontre els, et furent desconfit; si les pristrent li Grieu qui puis les rendirent le roi de Blaquie, qui puis après lor fist les testes trenchier. Et sachiez que mult furent petit plaint de la gent, porce qu'il avoient si mespris vers celui cui il ne le deussent mie faire... » (Ch. 77.)

Traduction. « ... Et ils pensaient s'en venir en Constantinople; et ils l'avaient laissé en très grand péril, comme vous entendez. Mais ils trouvèrent le pays révolté contre eux et furent déconfits ; et les Grecs les prirent et les rendirent ensuite au roi de Blaquie, qui peu après leur fit trancher la tête. Et sachez qu'ils furent bien peu plaints des gens, parce qu'ils avaient si mal agi envers qui ils n'eussent pas dû le faire... »

Villehardouin, qui dirigea la retraite de l'armée avec tant de fermeté après la défaite d'Andrinople, eut la douleur de voir sept mille chevaliers ou soldats s'embarquer et prendre la fuite, sans qu'aucune prière pût les retenir. Un de ses compagnons, Pierre de Frouville, le quitta même furtivement pour partir avec eux.

« ... Mult en reçurent grant blasme, écrit-il gravement, en celui païs où il alerent et en celui dont il partirent, et Pierre de Froeville plus grant que tuit li autre. Et por ce dit hom que mult fait mal, qui por paor de mort fait chose qui li est reprovée à toz jorz... » (Ch. 96.)

TRADUCTION. « ... Ils en reçurent bien grand blâme dans le pays où ils allèrent et dans celui d'où ils partirent, et Pierre de Frouville plus grand que tous les autres. Et pour cela dit-on que bien mal fait celui qui par peur de mort fait chose qui lui est reprochée à toujours... »

Lisez au contraire le récit ému que notre chroniqueur fait de cette funeste bataille d'Andrinople, et voyez quel souvenir il garde de ceux qui, fidèles au devoir, se firent tuer plutôt que d'abandonner l'empereur. Baudouin de Flandre, entouré d'ennemis, se défend comme un lion. Mais il est près de succomber ; il va tout à l'heure tomber au pouvoir des Bulgares. Le comte de Blois, qui a commencé le combat, est au plus fort de la mêlée. Atteint de deux blessures mortelles, on le presse de se retirer. Mais là où est son seigneur, là il veut demeurer et mourir.

« Et li cuens Loeys, qui fu assemblez premiers, fu navrés en deus leus mult durement; et li Comain et li Blac les comencierent à envaïr, et li cuens ot esté chaus, et un suens chevaliers, qui ot nom Johan de Friaise, fu descendus, si lo mist sor son cheval. Assez fu de la gent le comte Loeys qui li distrent: « Sire, alez vos en, quar trop malement navrez estes en deus leus. » Et il dist : « Ne place Dam le Dieu que jamais me soit reprové que je fuie de champ, et laisse l'empereor... » (Ch. 81.)

TRADUCTION. « ... Et le comte Louis, qui avait attaqué le premier, fut blessé en deux endroits bien fort; et les Comains et les Blaques commencèrent à les presser; et le comte était tombé, et un sien chevalier, qui avait nom Jean de Friaise, mit pied à terre et le mit sur son cheval. Il y eut bien des gens du comte Louis qui lui dirent : « Sire, allez-vous-en, car vous êtes bien fort blessé en deux endroits. » Et il dit : « A Seigneur Dieu ne plaise que jamais il me soit reproché d'avoir fui du champ de bataille et laissé l'empereur !... »

Si Villehardouin s'arrête avec complaisance sur

de tels exemples, s'il admire par-dessus tout la fidélité au drapeau féodal, c'est avec horreur, on le comprend sans peine, qu'il parle de la trahison. Le vassal égoïste et couard qui fuit le combat et laisse son seigneur en peine lui paraît digne de tous les mépris. Mais le félon qui, au mépris des serments, s'arme contre son maître, le parjure qui porte la main sur son suzerain, mérite, à son sens, non seulement une éternelle infamie, mais un châtiment exemplaire. Il est hors la loi ; lui courir sus est légitime, et s'il tombe lui-même sous les coups de la trahison, il faut applaudir; c'est le jugement de Dieu. Si Villehardouin trouve Murzuphle indigne de pitié, c'est surtout parce qu'il a violé ses serments et fait périr son souverain.

« ... Un soir, à la mie nuit, que l'empereres Alexis dormoit en sa chambre, cil qui garder le devoient (Morchuflés demainement et li autre qui avec lui estoient) le pristrent en son lit et le gittèrent en une chartre, en prison ; et Morchuflés chauça les hueses vermoilles par l'aïe et par le conseil des autres Grex. Si se fist empereor... Or oïez se onques si orrible traïsons fu faite par nule gent... Après ala, si l'estrangla par murtre ; et quant il l'ot estranglé, si fist dire partot que il ere morz de sa mort ; et le fist ensevelir con empereor honorablement, et mettre en terre ; et fist grant semblant que lui pesoit... » (Ch. 48.)

TRADUCTION. « Un soir, vers minuit, que l'empereur

Alexis dormait en sa chambre, ceux qui devaient le garder (Murzuphle surtout et les autres qui étaient avec lui) le prirent en son lit et le jetèrent en une chartre, en prison ; et Murzuphle chaussa les bottes vermeilles par l'aide et le conseil des autres Grecs. Ainsi se fit-il empereur... Or oyez si jamais aussi horrible trahison fut faite par nulles gens... Après il alla et l'étrangla par meurtre, et quand il l'eut étranglé, alors il fit dire partout qu'il était mort de sa mort naturelle ; et le fit ensevelir comme empereur honorablement, et mettre en terre ; et il fit grand semblant que cela lui pesait... »

Mais un meurtre, ajoute Villehardouin, ne peut être célé. Bientôt la vérité se fait jour et les croisés ouvrent contre l'assassin une guerre sans trêve ni merci. Plus tard, Murzuphle, renversé, tombe au pouvoir de l'ex-empereur Alexis, autre usurpateur, en fuite comme lui, qui, après l'avoir frauduleusement attiré à un banquet, « lo fist jeter à terre et traire les oels de la teste en tel traïson con vos avez oï (le fit jeter à terre et lui fit tirer les yeux de la tête par une trahison telle que vous avez ouïe). » — « Or oiez, s'écrie le chroniqueur, se ceste genz devoient terre tenir ou perdre ; que si granz crualtez faisoient li un des autres (or oyez si ces gens devaient tenir une terre ou la perdre, qui faisaient de si grandes cruautés les uns contre les autres). »

Aussi, quand le traître, déjà si cruellement puni,

est enfin capturé par les croisés et conduit à Constantinople, croyez-vous que les barons lui feront grâce? Non, il faudra que le misérable périsse et que tout le peuple de la capitale soit témoin de son supplice.

« En cel termine, si avint que l'empereres Morchuflés, qui avoit les oels traiz (cil qui avoit murtri son seignor l'empereor Alexis, le fil l'empereor Sursac, celui qui li pelerin avoient amené en la terre), s'enfuioit oltre le Braz... Et Tieris de Los... le prist et l'amena l'empereor Baudoin en Constantinoble. Et l'empereres Baudoins en fut mult liez, et em prist conseil à ses homes, qu'il en feroit d'omes qui tel murtre avoit fait de son seignor. A ce fu acordez li conseils, que il avoit une colonne en Costantinoble emmi la vile auques, qui ere une des plus haltes et des mielz ovrées de marbre qui onques fust veue d'oil; et enqui le feist mener et lo feist saillir aval, voiant tote la gent, que si halte justice devoit bien toz li monz veoir. Ensi fu menez à la colonne l'empereres Morchuflés, et fu menez sus; et toz li pueples de la cité accorrut por veoir la merveille. Lor fu botez aval, et chaï de si halt que quant il vint à terre que il fu toz esmiez... » (Ch. 68.)

Traduction. « En ce temps, il advint que l'empereur Murzuphle, qui avait les yeux crevés (celui qui avait tué son seigneur l'empereur Alexis, le fils de l'empereur Isaac, que les pèlerins avaient amené dans le pays), s'enfuyait outre le Bras... Et Thierri de Loos... le prit et l'amena à l'empereur Baudouin en Constantinople. Et l'empereur Baudouin en fut bien joyeux, et prit conseil de ses hommes, pour ce qu'il ferait d'un homme qui avait commis un tel meurtre sur son seigneur. Le conseil tomba d'accord de ceci, qu'il y avait une colonne en Constantinople vers le milieu de la ville, qui était une des plus hautes et des mieux travaillées en marbre que l'œil eût jamais vues ; et il le ferait mener là et le ferait sauter en bas, à la vue de tout le peuple ; car une si haute justice devait bien être vue de tout le monde. Ainsi fut mené à la colonne l'empereur Murzuphle, et mené en haut ; et tout le peuple de la cité accourut pour voir la merveille. Alors il fut poussé en bas et tomba de si haut que quand il vint à terre il fut tout fracassé. »

Les Grecs du Bas-Empire n'avaient point, en matière d'honneur (toute leur histoire le prouve), les mêmes idées que Villehardouin et que ses compagnons. La fourberie leur paraissait légitime, pourvu qu'elle réussît. Le guet-apens était un de leurs procédés ordinaires, et il n'entrait pas dans leurs habitudes, quand ils méditaient la perte d'un ennemi, de l'inviter à se tenir sur ses gardes. C'était là une mode toute féodale, et la rude loyauté des barons français jurait étrangement avec les mœurs sournoises et patelines des Byzantins. Les chefs de la croisade n'avaient que mépris pour ce peuple timide, rampant et faux, aussi bien que pour ses princes, qui ne valaient pas mieux que lui. C'est là ce qu'il ne faut pas perdre de vue et ce qui explique, sans les excuser, leurs excès d'injustice et de brutalité tant envers la nation qu'envers les souverains. Quand les empereurs Isaac et Alexis, qu'ils ont remis sur le trône, oublient leurs engagements et cessent de payer les subsides promis, les croisés n'hésitent pas à se tourner contre eux. Mais, avant de tirer l'épée, ils croient de leur devoir d'aller en face leur reprocher leur parjure et leur signifier le défi de guerre. Trois délégués viennent de leur part, au péril de leur vie, en plein palais de Blaquerne, et au milieu des courtisans indignés, haranguer en ces termes les deux princes :

« ... Vos lor avez juré, vos et vostre peres, la convenance à tenir que vos lor avez convent... Vos ne lor avez mie si bien tenue com vos deusslez... Se vos le faites, mult lor ert bel ; et se vos nel faites, sachiez que dès hore en avant il ne vos tienent ne por seignor ne por ami ; ainz porchaceront que il auront le leur en totes les manieres que il porront. Et bien vos mandent-il que il ne feroient ne vos ne altrui mal, tant que il l'aussent desfié ; que il ne firent onques traïson, ne lor terre n'est-il mie acostumé que il le facent. Vos avez bien oï que nos vos avons dit, et vos vos conseilleroiz si con vos plaira... » (Ch. 46.)

TRADUCTION. « ... Vous leur avez juré, vous et votre père, de tenir la convention que vous leur avez promise... Vous ne la leur avez pas si bien tenue que vous eussiez dû... Si vous le faites, cela leur ira bien ; et si vous ne le faites, sachez que dorénavant ils ne vous tiennent ni pour seigneur ni pour ami ; mais ils s'efforceront d'avoir leurs droits de toutes les manières qu'ils pourront. Et ils vous mandent qu'ils ne feraient mal ni à vous ni à autrui avant de l'avoir défié ; car ils ne firent jamais de trahison, et en leur pays ce n'est pas la coutume qu'on en fasse. Vous avez bien ouï ce que nous vous avons dit, et vous vous conseillerez ainsi qu'il vous plaira... »

Ce défi si audacieux et si loyal étonna les Grecs. Mais aux yeux des barons français c'était chose toute naturelle. A leur sens, tout ennemi devait être averti. Mais nul n'était si haut placé qu'il ne pût être légalement provoqué. Le vassal devait foi, service et dévouement inviolable à son seigneur. Mais il avait en retour le droit d'exiger, sous peine de rupture ouverte, que celui-ci tînt strictement la parole qu'il lui avait donnée et remplît envers lui toutes ses obligations féodales. Si le suzerain le lésait ou le menaçait dans ses droits, les lois et les mœurs l'autorisaient à se séparer de lui et à se faire justice lui-même, non sans l'avoir, il est vrai, franchement prévenu. Quand l'empereur Baudouin, à tort ou à raison, veut pénétrer en armes sur les terres du marquis Boniface, avant même que ce dernier ait pu prendre possession de son fief, le marquis, redoutant de sa part quelque mauvais dessein, s'y oppose, poliment, mais nettement. Le souverain, irrité, veut passer outre.

« Sire, fait Bonifaces li marchis de Montferrat, je te proi, dès que je puis ma terre conquerre sans toi, que tu n'i entres ; et se tu i entres, ne me semble mie que tu le faces por mon bien. Et sachiez vos de voir, je n'irai mie avec vos, ains me partirai de vos... » (Ch. 62.)

Traduction. « Sire, fait Boniface le marquis de Montferrat, je te prie, dès que je puis conquérir ma terre sans toi, de n'y pas entrer ; et si tu y entres, il ne me semble pas que tu le fasses pour mon bien. Et sachez vraiment, je n'irai pas avec vous, mais je me séparerai de vous... »

Et il le fait comme il l'a dit ; si bien que, tandis que Baudouin lui prend sa ville de Salonique, il va pour son compte assaillir les châteaux de Baudouin et met le siège devant la ville impériale d'Andrinople. Cette rébellion est impolitique, elle peut être funeste. Mais nul parmi les barons ne s'avise de la trouver illégale. Villehardouin, vassal de Baudouin et vassal de Boniface, se tire d'embarras en prenant le rôle de médiateur. Quant au doge, au comte de Blois et aux autres grands seigneurs, s'ils n'encouragent pas le marquis dans sa révolte, ils font cependant sentir à l'empereur qu'il a outrepassé son droit et le somment avec respect, mais avec force, de s'en remettre à leur arbitrage.

« Et li manderent que li marchis s'ere mis sor als, et bien l'avoit asseuré ; et il s'i devoit encor mielz mettre.

Si li prioient qu'il le feist (que il ne souffriroient mie la guerre en nule fin) et que il asseurast ce que il diroit, alsi con li marchis avoit fait... » (Ch. 64.)

TRADUCTION. « Et lui mandèrent que le marquis s'en était remis à eux, et qu'il s'y était bien obligé ; et lui devait encore mieux s'en remettre à eux. Ils le priaient donc qu'il le fît (car ils ne souffriraient la guerre pour aucun motif), et qu'il s'obligeât à ce qu'ils décideraient, ainsi que le marquis l'avait fait... »

Cette citation et celles qui l'ont précédée font revivre devant nous, avec sa brutalité, ses passions, mais aussi avec ses habitudes chevaleresques, une société qui avait de grands vices, mais en même temps de grandes vertus. Issu du monde féodal, dont il partageait les entraînements, les préjugés, les ambitions, Villehardouin nous l'a dépeint non sans quelque complaisance, mais avec une vivacité et un naturel qui ne permettent pas de douter de sa bonne foi. L'a-t-il idéalisé ? Nous ne le pensons pas Il n'ignorait pas plus qu'il n'a dissimulé qu'il y avait dans ce monde des parjures et des lâches, des scélérats et des traîtres. Mais, s'il n'était exempt lui-même ni d'égoïsme ni d'ambition, il avait au plus haut point le souci de la gloire et de l'honneur militaire. Son principal mérite est et doit être à nos yeux de nous faire comprendre comment les barons de son temps pouvaient, malgré leur violence, leur cupidité, leur barbarie, être des gens de cœur.

CHAPITRE VI

VILLEHARDOUIN (*fin*). — SON MÉRITE LITTÉRAIRE.

Pourquoi Villehardouin, dont l'autorité historique est à certains égards contestable, dont les idées sont celles d'une société disparue et dont la langue n'est plus la nôtre, garde-t-il parmi nous une notoriété qui, loin de s'affaiblir, augmente chaque jour? Pourquoi les éditions de son livre se multiplient-elles et le nombre de ses admirateurs ne fait-il que grandir ? Est-ce à la nature extraordinaire et merveilleuse des événements qu'il raconte, qu'il doit cette faveur persistante? Mais bien d'autres ont narré ces faits, en témoins oculaires comme lui-même, sans attirer, surtout sans retenir l'attention de la postérité. C'est la forme, plus encore que le fond de son livre, qui l'a sauvé de l'oubli. Quelque rude que soit son idiome, quelque peine que nous ayons à le comprendre, Villehardouin pour nous, comme pour nos aïeux, est un grand écrivain. Voilà le secret de sa gloire.

Qu'on veuille bien y réfléchir, du reste, la rudesse et l'étrangeté de cette langue sont plus apparentes que réelles. C'est surtout l'orthographe de notre vieux chroniqueur qui nous déroute. C'est la prononciation de ses mots qui nous embarrasse. Nous avons de la peine à nous représenter que *i ot* veut dire *il y eut*, que *requistrent* et *laissast* sont pour *requirent* et *laissât*, que *sergents* s'écrivait *serjanz* au XIIIe siècle. Nous nous demandons comment Villehardouin pouvait bien dire *œls*, qui signifie *yeux*, et *caiens*, qui veut dire *céans*. Certains mots, presque latins encore, nous arrêtent dans sa chronique ; quelques-uns ont disparu, d'autres sont devenus méconnaissables dans notre langue, Nous disons *était, femme, honneur, comte*, etc. Notre historien disait couramment *ere* (erat), *moillier* (mullier), *onor* (honor), *cuens* (comes), etc. Si ses mots ont pour nous l'aspect barbare, que dirait-il des nôtres? Nous avons altéré, souvent sans raison, radicaux et terminaisons. Nous nous sommes fait surtout une syntaxe illogique et compliquée qu'il n'apprendrait point sans peine, un amas de règles confuses dont le résultat le plus sûr est d'alourdir nos phrases ou de les rendre obscures. La grammaire régentait Villehardouin, comme nous-mêmes. Mais elle était moins exigeante alors que de nos jours, et l'écrivain, pour peu qu'il eût l'esprit net, pouvait admirablement se faire entendre sans la choquer en rien.

Or, s'il y eut jamais esprit net au monde, c'était celui du maréchal de Champagne. On a pu en juger par l'analyse fidèle que nous avons faite de son livre et par les nombreux extraits que nous en avons donnés. Il avait au plus haut point cette qualité éminemment française : la clarté. Rien de plus lumineux que son récit ; rien de plus limpide que sa phrase. Les idées se groupent naturellement dans sa tête, elles se suivent sans effort sous sa plume. Tous ses termes sont précis, tous sont simples surtout. Chez lui point de métaphores quand on n'en a que faire, point d'équivalents, de périphrases ; l'expression est toujours juste ; l'épithète, relativement rare, n'est jamais ni redondante ni oiseuse.

C'est dans les tableaux de batailles que cette simplicité concise, cette rectitude et cette sobre élégance se font surtout remarquer. Ce qu'il a une fois vu, de son coup d'œil pénétrant de soldat, nous le voyons aussi bien que lui, grâce à ses descriptions. La répartition de l'armée en sept corps, l'ordonnance de la flotte vénitienne, les préparatifs et le plan de la grande attaque de Constantinople, tout cela, grâce à lui, est vivant devant nous, tout cela nous saute aux yeux. Il faudrait citer presque tout le livre. Mais nous devons nous borner à quelques exemples. Après avoir décrit, avec une merveilleuse lucidité, le double assaut donné à Constantinople par les Français et les Vénitiens, quand il nous a montré ceux-ci en possession de vingt-cinq tours ceux-là repoussés au contraire des murailles, il en vient à conter la grande sortie tentée par l'usurpateur Alexis contre les croisés.

« Adonc issi l'empereres Alexis de Constantinoble à tote sa force fors de la cité, par autres portes bien loing de une leue de l'ost ; et comence si grant genz à issir que il sembloit que ce fust toz li monz. Lors fist ses batailles ordener parmi la campaigne, et chevauchent vers l'ost ; et quant noz François les veoient, si saillent as armes de totes parz. Cel jor, faisoit Henri li freres le comte Baudoin l'agait as engins devant la porte de Blaquerne, et Mahius de Vaslaincourt et Baudoin de Belveoir, et lor gens qui à els se tenoient. Endroit aus, avoit l'empereres Alexis atorné granz genz qui saldroient par trois portes fors, con il se ferroit en l'ost par l'autre part. — Et lors issirent les six batailles qui furent ordenées, et se rengent par devant lor lices ; et lor serjant et lor escuier à pié par derrière les cropes de lor chevaus, et li archier et li arbalestier par devant als ; et firent bataille de lor chevaliers à pié, dont il avoient bien deus cenz qui n'avoient mais nul cheval. Et ensi se tindrent quoi devant lor lices ; et fu mult granz sens ; que se il alasent à la campaigne assembler à els, cil avoient si grant foison de gent, que tuits fuissiens noié entr'aus. — Il sembloit que tote la compaigne fust coverte de batailles; et venoient le petit pas tuit ordené. — Bien sembloit perillose chose ; que cil n'avoient que six batailles, et li

Grieu en avoient bien quarante; et il n'i avoit celi qui ne fust graindre que une des nos. Mais li nostre estoient ordené en tel maniere que on ne pooit à els venir, si pardevant non. Et tant chevaucha l'emperiere Alexis qu'il fu si près que on traïoit des uns aus autres. Et quand ce oï li dux de Venise, si fist ses gens retraire et guerpir les tors que il avoient conquises, et dist que il voloit vivre ou morir avec les pelerins. Ensi s'en vint devers l'ost, et descendi li meismes toz premiers à la terre, et ce que il en pot traire de la soe gent fors. — Ensi furent longuement les batailles des pelerins et des Grius vis à vis ; que li Gré ne s'oserent venir ferir en lor estal, et cil ne volrent eslongnier les lices. Et quant l'empereres Alexis vit ce, si comença ses genz à retraire ; et quant il ot ses gens raliez, si s'en retorna ariere. Et quant ce vit li hos des pelerins, si comença à chevaucher le petit pas vers lui ; et les batailles des Grés comencent à aler en voie ; et se traistrent ariers à un palais qui ere apelez li Philippos. — Et sachiez que onques Diex ne traist de plus grant peril nule gent con il fist cels de l'ost cel jor ; et sachiez que il n'i ot si hardi qui n'aust grande joie. Ensi se remest cele bataille cel jor ; que plus n'i ot fait, si con Diex volt. L'empereres Alexis s'en retorna en la vile, et cil de l'ost alerent à lor herberges ; si se desarmerent, que erent mùlt las et travaillié ; et poi mangierent et poi burent, car poi avoient de viande... » (Ch. 37.)

Traduction. « Alors l'empereur Alexis de Constantinople sortit avec toutes ses forces de la cité, par d'autres portes qui étaient bien à une lieue loin du camp ; et il commença à sortir tant de gens assemblés qu'il semblait que ce fût le monde entier. Alors il fait ordonner ses corps de bataille dans la plaine et ils chevauchent vers le camp ; et quand nos Français les voient, ils courent aux armes de toutes parts. Ce jour-là, Henri le frère du comte Baudouin faisait le guet pour les engins devant la porte de Blaquerne, avec Mathieu de Walincourt et Baudouin de Beauvoir et leurs gens qui se tenaient à eux. En face d'eux, l'empereur Alexis avait préparé des gens en grand nombre pour sortir par trois portes, pendant que lui se jetterait dans le camp d'un autre côté. — Et alors sortirent les six corps de bataille qui furent ordonnés, et ils se rangèrent par-devant leurs palissades ; et leurs sergents et leurs écuyers à pied par derrière les croupes des chevaux, et les archers et les arbalétriers par-devant eux ; et ils firent un corps de bataille de leurs chevaliers à pied, dont ils avaient bien deux cents qui n'avaient plus de cheval. Et ils se tinrent ainsi cois devant leurs palissades ; et ce fut avec un bien grand sens ; car s'ils fussent allés en plaine les attaquer, les autres avaient si grande quantité de gens que nous eussions été noyés parmi eux. — Il semblait que la plaine fût couverte de troupes ; et ils venaient au petit pas, tous en ordre. Cela semblait bien chose périlleuse ; car les nôtres n'avaient que six corps de bataille, et les Grecs en avaient bien quarante ; et il n'y en avait pas qui ne fût plus grand qu'un des nôtres. Mais les nôtres étaient ordonnés en telle manière qu'on ne pouvait venir à eux, sinon par devant. Et l'empereur Alexis chevaucha tant qu'il fut assez près pour qu'on tirât les uns sur les autres. Et quand le doge de Venise ouït cela, il fit retirer ses gens et quitter les tours qu'ils avaient conquises, et dit qu'il voulait vivre ou mourir avec les pèlerins. Il s'en vint ainsi devers le camp et descendit lui-même tout le premier à terre, avec ce qu'il put amener de ses gens dehors. — Ainsi furent pendant longtemps les troupes des pèlerins et des Grecs vis-à-vis ; car les Grecs n'osèrent pas venir se jeter sur leurs lignes, et ceux-ci ne voulurent pas s'éloigner de leurs palissades. Et quand l'empereur Alexis vit cela, il commença à retirer ses gens ; et quand il eut rallié ses gens, il s'en retourna en arrière. Et quand l'armée des pèlerins vit cela, elle commença à chevaucher au petit pas vers lui ; et les troupes des Grecs commencent à se mettre en route ; et elles se retirèrent en arrière à un palais qui était appelé Philippe. — Et sachez que jamais Dieu ne tira nulles gens de plus grand péril qu'il fit ceux de l'armée ce jour-là ; et sachez que nul ne fut si hardi qu'il n'en eût grande joie. Ainsi demeura la bataille en ce jour ; car il ne se fit rien de plus, ainsi qu'il plut à Dieu. L'empereur Alexis s'en retourna en la ville et ceux de l'armée allèrent à leurs tentes ; ils se désarmèrent, car ils étaient bien las et fatigués ; et ils mangèrent peu et burent peu, car ils avaient peu de vivres. »

Si nous avons cité ce récit saisissant, ce n'est pas qu'il n'y en ait beaucoup d'autres dans notre chronique qui puissent faire apprécier la précision et la clarté de Villehardouin, ses qualités maîtresses. On ne les trouverait pas, par exemple, à un moindre degré dans la narration rapide et colorée de l'expédition navale que le maréchal fit un soir avec l'empereur Henri pour délivrer le Château de Cibotos, étroitement bloqué par Théodore Lascaris. Nous y renvoyons le lecteur. Tous ces tableaux de guerre sont d'autant plus frappants que l'auteur n'y a mis nul apprêt. Les faits seuls semblent parler. L'écrivain s'efface derrière eux et ne paraît même pas songer à les mettre en relief.

A plus forte raison n'entoure-t-il pas ses récits de ces descriptions plus ou moins poétiques dont les trouvères étaient coutumiers et dont les chroniqueurs enjolivaient leurs histoires pour faire montre de bel esprit. Le continuateur de Villehardouin (1), au moment de nous conter une bataille, nous parle du ciel bleu, du soleil qui luit, des oiseaux qui chantent. Le maréchal de Champagne ne donne pas dans ces puérilités. Ce n'est pas qu'il ait toujours été insensible à certains spectacles imposants. Mais il sait les rendre en quelques mots, sans étalage de rhétorique, et avec une sévère majesté.

Quand la flotte quitte Corfou :

« Bien tesmoigne Joffrois, dit-il,... que onc si bele chose ne fu veue. Et bien sembloit estoire qui terre deust conquerre ; que tant que on pooit veoir à oil, ne pooit-on veoir se voiles non de nés et de vaissiaus, si que li cuer des homes s'en esjoïssoient mult... » (Ch. 25.)

Traduction. « Et Geoffroy vous témoigne bien que jamais si belle chose ne fut vue. Et il semblait bien que cette flotte

(1) Henri de Valenciennes. V. plus loin (chap. VII) quelques détails sur ce chroniqueur.

dût conquérir la terre ; car autant que l'œil pouvait voir, on ne pouvait voir sinon des voiles de nefs et de vaisseaux, en sorte que les cœurs des hommes s'en réjouissaient bien... »

Un peu plus tard, lorsque la flotte arrive en vue de Constantinople, la beauté du site ne paraît point frapper le maréchal, qui n'a pas l'âme tournée vers la poésie. La vue des admirables monuments dont la capitale est parsemée ne l'amène point à parler des arts, dont sans doute il se soucie peu. Mais le sobre témoignage de sa stupéfaction et de son effroi nous frappe plus, par sa sincérité et sa grandeur, que ne feraient de longues tirades.

« Or poez savoir que mult esgarderent Constantinople cil qui onques mais ne l'avoient veue ; que il ne pooient mie cuidier que si riche vile peust estre en tot le monde, cum il virent ces halz murs et ces riches tours dont ele ere close tot entor à la reonde, et ces riches palais et ces haltes yglises, dont il i avoit tant que mul nel poist croire, se il ne les veist à l'oil, et le lonc et le lé de la vile qui de totes les autres ere soveraine. Et sachiez que il n'i ot si hardi cui la chars ne fremist ; et ce ne fu mie mervoille ; que onques si granz affaires ne fu empris de nulle gent, puis que li monz fu estorez... » (Ch. 26.)

TRADUCTION. « Or vous pouvez savoir qu'ils regardèrent beaucoup Constantinople ceux qui ne l'avaient jamais vue ; car ils ne pouvaient penser qu'il pût être en tout le

Villehardouin expose la demande des croisés au peuple de Venise,

monde une ville si riche, quand ils virent ces hauts murs et ces riches tours dont elle était close tout autour à la ronde, et ces riches palais et ces hautes églises, dont il y avait tant que nul ne le pût croire s'il ne l'eût vu de ses yeux, et la longueur et la largeur de la ville qui entre toutes les autres était souveraine. Et sachez qu'il n'y eut homme si hardi à qui la chair ne frémît ; et ce ne fut pas merveille ; car jamais si grande affaire ne fut entreprise par nulles gens, depuis que le monde fut créé. »

De pareilles émotions sont assez rares chez Villehardouin, qui est avant tout un soldat et qui a trop l'habitude des combats pour céder avec complaisance à la crainte ou à l'attendrissement. Son âme s'élève à Dieu, après la victoire comme après la défaite. S'il voit tomber un ami, son cœur se serre. Mais chez lui la douleur, la colère, la joie sont toujours graves et contenues.

Ce n'est pas qu'il ne soit parfois capable de grands élans. C'est quand il a, par exemple, à parler en public, quand il lui faut émouvoir le peuple vénitien, réuni au nombre de plus de dix mille âmes dans l'église de Saint-Marc, qu'il tombe à genoux, tout en larmes, et fait pleurer l'immense assemblée. Rien de plus pathétique assurément que cette grande scène, par laquelle nous terminerons nos citations :

« Quant la messe fu dite, li dux manda aux messages

que il requeissent à tot le pueple humblement que il volsissent que cele convenance fust faite. Li message vindrent el mostier. Mult furent esgardé de maintes genz qui nes avoient ainc mais veuz. Joffrois de Vile-Hardoin li mareschaus de Champaigne moustra la parole par l'acort et par la volenté as autres messages, et lor dist : « Seignor, li baron de France li plus halt et li plus poesteif nos ont à vos envoiez ; si vos crient merci que il vos preigne pitié de Jérusalem qui est en servage de Turs, que vos por Dieu voilliez lor compaignier à la honte Jesu-Crist vengier. Et por ce vos i ont eslis que il sevent que nule genz n'ont si grand pooir, qui sor mer soient, come vos et la vostre genz. Et nos comanderent que nos vos en chaïssiens as piez, et que nos n'en leveissiens jusques à tant que vos ariez otroié que vos ariez pitié de la Terre-Sainte d'outre-mer. » Maintenant li six message s'agenoillent à lor piez mult plorant ; et li dux et tuit li autre s'escreverent à plorer de la pitié, et s'escrierent tuit à une voiz et tendirent lor mains en halt, et distrent : « Nos l'otrions, nos l'otrions ! » Enqui ot si grant bruit et si grant noise que il sembla que terre fondist. » (Ch. 6.)

Traduction. « Quand la messe fut dite, le doge manda aux messagers de requérir tout le peuple humblement pour qu'il consentît que cette convention fût faite. Les messagers vinrent à l'église. Ils furent bien regardés de maintes gens qui ne les avaient jamais vus. Geoffroy de Ville-Hardouin le maréchal de Champagne prit la parole par l'accord et la volonté des autres messagers et leur dit : « Seigneurs, les barons de France les plus hauts et les plus puissants nous ont envoyés à vous ; et ils vous crient merci, afin qu'il vous prenne pitié de Jérusalem qui est sous le servage des Turcs, et que pour Dieu vous vouliez les aider à venger la honte de Jésus-Christ. Et ils vous ont choisis parce qu'ils savent que nulles gens qui soient sur mer n'ont aussi grand pouvoir que vous et vos gens. Et ils nous commandèrent de tomber à vos pieds et de ne pas nous en relever jusqu'à ce que vous eussiez octroyé que vous auriez pitié de la Terre-Sainte d'outre-mer. » Alors les six messagers s'agenouillèrent à leurs pieds pleurant beaucoup ; et le doge et tous les autres éclatèrent en pleurant de pitié et s'écrièrent tout d'une voix et tendirent leurs mains en haut et dirent : « Nous l'octroyons, nous l'octroyons. » Alors il y eut si grand bruit et si grand tumulte qu'il semblait que la terre s'effondrât. »

On voit par ce passage que, comme nous l'avons dit en commençant cette étude, Villehardouin n'était pas seulement un brave soldat et un diplomate avisé, mais qu'il avait aussi le don de l'éloquence. A sept cents ans de distance, ce discours simple et triste nous émeut encore. Le maréchal de Champagne savait quand il voulait parler avec son cœur. Il écrivait de même à l'occasion. Voilà pourquoi son œuvre ne saurait périr. Ce livre vigoureux et grave, écrit sans apprêt par un Français qui avait fait et vu de grandes choses, aura toujours pour nous avec l'attrait de l'histoire celui de l'épopée.

CHAPITRE VII

CHRONIQUEURS INTERMÉDIAIRES ENTRE VILLEHARDOUIN ET JOINVILLE.

Joinville est pour nous presque un contemporain de Villehardouin. Il naquit onze années seulement après la mort du maréchal de Champagne. Mais il était plus qu'octogénaire quand il écrivit ses mémoires. Un siècle en réalité sépare ces deux chroniqueurs. Le goût des études historiques a été très vif en France pendant cette période. Le rôle prépondérant que jouait alors notre nation dans la chrétienté, ses victoires, ses conquêtes, la diffusion presque universelle de ses mœurs, de ses lois, de sa langue, assuraient partout des lecteurs à ceux qui se donnaient la peine de rédiger ses annales. L'époque dont nous parlons a doté notre pays de cent dix chroniques latines, dont les savants seuls, il est vrai, pouvaient directement tirer parti, et de plus de cinquante chroniques en idiome vulgaire, qui, dès ce temps, ont rendu populaires les noms de Philippe-Auguste et de saint Louis. Des premières nous ne dirons rien; le grand public ne les connaissait guère. Mais les autres, qui ont été l'orgueil et la joie patriotique de nos aïeux, méritent de nous arrêter un instant. Nous ne pouvons les mentionner toutes. Mais nous avons le devoir d'indiquer les principales, celles du moins que notre siècle a pieusement exhumées et qui sont des monuments dignes de notre grandeur passée.

Si l'on ne tient pas compte de quelques ouvrages spéciaux, qui n'ont pas, du reste, grande importance, on peut grouper en trois catégories bien distinctes les ouvrages dont il est ici question. Dans la première nous mettrons les chroniques relatives à l'histoire générale de la France ou de certaines de ses provinces. La seconde comprendra celles qui ont pour objet le récit des croisades. La dernière sera formée par le cycle de saint Louis, ensemble des légendes, éloges et histoires consacrés à ce roi, si populaire au XIIIe siècle, par ses contemporains (1).

En ce qui concerne la France, constatons tout d'abord que si le désir de connaître son passé, ses

(1) Sur les divers ouvrages cités dans ce chapitre, V. l'*Histoire littéraire de la France* (t. XXI et XXIII); l'*Histoire de la langue et de la littérature françaises*, par M. Aubertin (t. II); la *Collection des Chroniques nationales françaises*, par Buchon; l'édition d'*Ernoul et de Bernard le trésorier*, donnée par M. de Mas-Latrie, etc.

révolutions, ses guerres, anciennes ou récentes, devenait chaque jour plus vif et plus exigeant chez nos ancêtres, le plus sûr moyen de les satisfaire était encore de donner au récit l'apparence de la poésie. Beaucoup d'historiens rivalisaient encore avec les trouvères et rimaient patiemment de longues chroniques. S'ils ne les chantaient pas, ils étaient sûrs du moins que le public les lirait avidement, parce qu'il y trouvait comme un air d'épopée. C'est ainsi que Philippe Mouskès, homme d'armes, né à Tournay, chaud partisan des rois de France, pour lesquels il avait combattu, composa une rhapsodie de 31,000 vers, qui partait du siège de Troie (c'était alors l'origine convenue de notre histoire), pour aboutir, en s'arrêtant longuement au règne de Charlemagne, à la dix-septième année de celui de saint Louis (1243). C'était une œuvre plate et sans style, mais qui eut pourtant de la vogue. Vers la même époque, Pierre de Langetost rédigeait sa *Chronique rimée d'Angleterre*, qui n'a pas plus de mérite, mais qui, chez nous, intéressait particulièrement les Normands et les Aquitains. Au commencement du XIVe siècle, Guillaume Guiart, gentilhomme d'Orléans, écrivait dans la même forme et sous le titre de *Branche des royaux lignages*, l'histoire des rois de France depuis 1180 jusqu'à 1306. Enfin Geoffroy de Paris retraçait en huit mille vers la fin de Philippe le Bel et le règne de son successeur (1302-1316).

Ces ouvrages, dénués de valeur littéraire, n'ont plus aujourd'hui pour nous le moindre attrait. Nous ne dirons pas la même chose de la *Chronique de Reims* (en prose), écrite vers 1265 et qui, plusieurs fois imprimée dans ces dernières années (1), fait reparaître à nos yeux, avec une couleur et une vivacité singulières, les générations qui se sont succédé dans notre pays de 1080 à 1160. L'auteur, qui était probablement un ménestrel, visait moins à instruire qu'à plaire et à frapper. Il s'embarrasse peu de la chronologie et l'exactitude chez lui laisse fort à désirer. C'était un libre esprit, un esprit fort aiguisé surtout, peu respectueux pour les puissances, et en particulier pour l'Eglise, excellant à conter l'anecdote qui peint un personnage ou une époque. Voici, par exemple, le dialogue, rapporté par lui, de Blanche de Castille et de son beau-père, Philippe-Auguste, un jour que ce dernier, redoutant une excommunication, refusait de secourir son fils engagé chez les Anglais dans un fort mauvais pas.

« Coument, sire, lairés vous dont vostre fils morir en

(1) La dernière et la meilleure édition de cet ouvrage a été donnée en 1876 par Natalis de Wailly, sous le titre de *Récits d'un ménestrel de Reims*.

estranges terres? Sire, pour Dieu, il doit iestre yretiers après vous. Envoiés lui çou que mestiers li est, au mains les issues de son patremonne. — Ciertes, Blance, dist li rois, je n'en ferai noient. — Non, sire? dist la dame. — Non voir, dist li rois. — Et je sai bien, dist la dame, que j'en ferai. — K'en ferés vous dont? dist li rois. — Par la beneoite mère Dieu, j'ai biaus enfans de mon signour; je les metterai en gages, et bien trouverai qui me prestera sur aus. — Atant se parti dou roi. »

Traduction. « Comment, sire, laisserez-vous donc votre fils mourir en terre étrangère? Sire, pour Dieu, il doit être héritier après vous. Envoyez-lui ce dont il a besoin, au moins les revenus de son patrimoine. — Certes, Blanche, dit le roi, je n'en ferai rien. — Non, sire? dit la dame. — Non vraiment, dit le roi. — Et je sais bien, dit la dame, ce que je ferai. — Que ferez-vous donc? dit le roi. — Par la bénie mère de Dieu, j'ai de beaux enfants de mon seigneur; je les mettrai en gage et trouverai bien qui me prêtera sur eux. — Sur ce elle quitta le roi. »

Cette façon piquante et familière d'écrire l'histoire convenait à un ménestrel. Elle ne pouvait convenir aux graves auteurs du recueil fameux connu sous ce titre : *Les grandes Chroniques de Saint-Denis.* C'est au treizième siècle que fut entreprise cette compilation, monument quasi officiel de notre histoire nationale. Déjà quelques moines s'étaient essayés à résumer en un corps d'ouvrage, pour les mettre à la portée du public, nos anciennes chroniques. Mais ils les avaient condensées dans la langue même où elles étaient écrites, c'est-à-dire en latin. Un ménestrel au service d'Alphonse de Poitiers, frère de saint Louis, exécuta pour la première fois en français, vers 1260, un travail analogue. Un peu plus tard, Mathieu de Vendôme, abbé de Saint-Denis, le fit recommencer par un de ses religieux et put, en 1274, présenter au roi un manuscrit richement enluminé, renfermant l'histoire du royaume, en langue vulgaire, jusqu'en 1226. Vingt ans après, cet ouvrage, remanié, fut augmenté des règnes de saint Louis et de Philippe III. Dès lors l'abbaye de Saint-Denis, encouragée par les rois, se donna mission d'étendre sa chronique, au fur et à mesure des événements, et la remplit, jusqu'au moment où le gouvernement se chargea lui-même de cette tâche.

C'est de ce monastère que sortirent aussi les œuvres de Guillaume de Nangis, moine laborieux, qui, non content d'avoir écrit une *Petite Histoire des rois de France* et une *Vie* assez étendue de Philippe III, composa une *Chronique universelle* — fort estimable — embrassant les trois quarts du XIIe siècle (de 1226 à 1300).

Certaines provinces, dont les seigneurs étaient à cette époque presque aussi puissants que le roi, leur suzerain, avaient à cette époque une histoire particulière dont il ne nous est pas permis de nous désintéresser. Citons notamment la Normandie, dont les ducs étaient devenus rois d'Angleterre, et la Flandre, dont le comte s'était assis en 1204 sur le trône impérial de Constantinople. On a imprimé de nos jours, au grand profit de la science historique, *Li Estore des ducs de Normandie et des rois d'Angleterre*, ouvrage composé vers le milieu du XIIIe siècle et utile à consulter pour la période comprise entre 876 et 1220. Les *Chroniques de Baudouin d'Avesnes*, ainsi nommées sans doute du seigneur qui les fit rédiger (et qui mourut en 1289), sont une compilation aussi importante pour la Flandre que celle de Saint-Denis pour la France. Signalons enfin l'*Estore des comtes de Flandre*, ouvrage moins sérieux, mais plus populaire, consacré à ce pays, dont il retrace les destinées de 1168 à 1285.

Le cycle des croisades s'était formé dans notre littérature dès les premières années du douzième siècle. Les expéditions chrétiennes en Orient, qui se multiplièrent et se prolongèrent deux cents ans avec des fortunes si diverses, l'élargirent à tel point qu'une vie d'homme suffirait à peine pour le parcourir. Mais tout d'abord ces guerres n'avaient donné naissance qu'à des Chansons de Gestes ou à des chroniques latines.

Au treizième siècle, les croisades exerçaient encore la verve des poètes. Les trouvères célébraient, en les agrémentant de légendes fabuleuses, les exploits des héros chrétiens ou musulmans dont les noms étaient alors dans toutes les bouches, et consacraient à leur histoire des chroniques rimées comparables à celle de Philippe Monkès. L'un d'eux, par exemple, écrivait l'*Éloge de Guillaume de Salisbury, dit Longue Epée*, qui périt en 1250 devant Mansourah. Un autre, dans le *Pas Saladin*, retraçait les prouesses de Richard Cœur de Lion et des douze braves qui avaient, disait-on, arrêté toute une armée sarrasine. Mais la prose, dont l'histoire s'accommode mieux que de la poésie, gagnait chaque jour du terrain. C'était la prose française, car le latin n'était bien compris que de l'Eglise, et les chroniqueurs voulaient être lus de tout le monde.

A l'exemple de Villehardouin, les croisés commençaient à écrire leurs mémoires en langue vulgaire. Ceux de Robert de Clary, gentilhomme picard, qui avait participé en 1204 à la prise de Constantinople, sont curieux, à côté de ceux du baron champenois, comme le témoignage d'un soldat près de celui de son général. Henri de Valenciennes, qui était peut-être un ménestrel, avait vu de près, lui aussi, la quatrième croisade et ses suites. Il les a contées, dans un livre animé qui accompagne d'ordinaire, dans les éditions modernes, celui du maréchal de Champagne. Ce chroniqueur n'est point un homme d'Etat. Il ne faut pas lui demander la sobriété, la précision de Villehardouin. Il fait pérorer ses héros, longuement, un peu trop peut-être. Il parle du temps qu'il fait et étend parfois avec excès ses anecdotes. Tel qu'il est, son récit n'en est pas moins bon à lire.

D'autres, en grand nombre, ont retracé, comme témoins oculaires, les grandes guerres dont la Palestine et l'Egypte furent le théâtre pendant presque tout le XIIIe siècle et l'histoire si dramatique de ce royaume de Jérusalem qui finit en 1291, après avoir coûté tant de sang à la chrétienté. Vers 1230, on traduisait en français le grand ouvrage de Guillaume de Tyr, récit émouvant et complet des croisades jusqu'à l'année 1183. A la même époque, Ernoul, gentilhomme vieilli dans les guerres de Syrie et de Chypre, le continuait dans la même langue jusque vers 1229. D'autres, un peu plus tard, soit en Orient, soit en France, retraçaient les efforts désespérés de Thibaut IV, comte de Champagne, et de saint Louis, pour relever ou sauver ce qui restait encore de l'Etat fondé en Palestine par les croisés, la décadence, la lutte suprême, la prise de Saint-Jean-d'Acre. Il se formait ainsi toute une série de chroniques qui, coor données, réunies en un seul corps d'ouvrage, soudées au livre de Guillaume de Tyr, devenaient rapidement populaires dans toute l'Europe sous le titre général de *Chronique d'outre-mer*.

C'est de ce temps que date aussi le livre des *Lignages d'outre-mer*. Ce simple mais précieux recueil généalogique nous fournit sur les grandes familles françaises établies en Orient à la suite des croisades des renseignements sans lesquels leur histoire ne serait vraiment qu'un chaos.

Signalons enfin cette *Histoire merveilleuse du Grand Khan* conçue par le prince arménien Hayton, qui, devenu moine au couvent des Prémontrés de Poitiers, se la laissa dérober, en 1307, par l'avisé Nicolas Falcon. Ce dernier en donna la substance en français et en eut toute la gloire. Ce livre nous expose la vie de Gengis-Khan, celle de ses successeurs, et décrit assez fidèlement l'état de l'Asie et surtout des pays musulmans pendant le XIIIe siècle.

Le règne de saint Louis se rattache à la fois à l'histoire particulière de la France et à l'histoire générale des croisades Ce roi n'était pas mort que son nom, ses exploits, la renommée de ses vertus, se trouvaient déjà dans toutes les chroniques. Pendant les cinquante ans qui suivirent sa fin, l'on ne parla guère que de lui. L'opinion publique l'avait canonisé longtemps avant que l'Église lui eût rendu le même honneur. On peut se rendre compte de la popularité qui entourait son nom, de son vivant comme après lui, par le grand nombre d'ouvrages qui furent écrits en son honneur à la fin du XIIIe siècle et au commencement du quatorzième. Sans parler des poèmes qui, comme les *Regrés au Roy Loeys* (1270), répandaient sous une forme particulièrement sensible au public le souvenir de ses vertus et de ses exploits, l'histoire s'ingénia de bonne heure à lui élever des monuments durables et dignes de lui.

Il est vrai que sa vie, écrite par des plumes ecclésiastiques, le fut tout d'abord en latin. C'est dans cette langue que son confesseur, Geoffroy de Beaulieu, sollicité par le pape Grégoire IX, rédigea, dès 1276, en cinquante-deux chapitres, l'histoire du pieux souverain qu'il avait vu mourir. Son livre est, il est vrai, un panégyrique exalté, sans mesure, sans critique. Mais il n'en renferme pas moins des éléments utiles et qui ont été mis à profit. On peut en dire autant de l'ouvrage écrit, vingt ans plus tard, par Guillaume de Chartres sur les *miracles* du bon roi. S'il y a dans ce traité bien des anecdotes naïves, puériles ou controuvées, tout au moins y lisons-nous le témoignage sincère d'une génération qui voyait en Louis IX plus qu'un homme et aimait à confondre l'histoire avec la légende. Il fut d'ailleurs de bonne heure traduit ou paraphrasé en français. C'est également en idiome vulgaire que le confesseur de la reine Marguerite, veuve du roi, répandit, dans les premières années du XIIIe siècle, une biographie de saint Louis où bien des écrivains ont puisé depuis d'intéressants détails. Le même sujet avait été traité avant lui par Guillaume de Nangis, dont le travail, un peu sec, mais judicieux, exact, instructif, devait prendre place dans les chroniques de Saint-Denis.

Mais toutes ces œuvres et bien d'autres encore du même genre s'effacent pour nous devant le livre inoubliable de Joinville. Ce dernier auteur, venu après tant d'autres, nous semble seul, à tort ou à raison, avoir mis la mémoire du roi dont il avait été l'ami et le compagnon d'armes dans son véritable jour. De tous les biographes de saint Louis, c'est à peu près le seul que nous lisions encore. A quoi doit-il la popularité persistante qui s'attache à son œuvre? C'est ce que nous allons tâcher d'expliquer.

CHAPITRE VIII

JOINVILLE. — SA VIE.

Si Joinville nous est en général mieux connu que Villehardouin, ce n'est pas qu'il ait été de son temps plus illustre ni qu'il ait fait de plus grandes choses. C'est qu'il a été moins discret et qu'ayant entrepris de nous conter la vie du grand roi dont il avait été l'ami, c'est surtout la sienne qu'il nous a retracée. Il n'y a pas de livre qui, plus que le sien, mérite le titre de *Mémoires*. A chaque page on y trouve le *moi,* mais un moi si naïf, si peu prétentieux et si charmant, qu'il ne paraît nulle part haïssable. A cheval, au conseil, à l'église ou à table, en cotte d'armes ou en déshabillé, Joinville se montre à nous avec la même complaisance. Ses exploits, ses aventures, ses discours, ses embarras d'argent, ses entretiens intimes et jusqu'à ses bons mots, il ne nous laisse rien ignorer de ce qui le touche. On n'a donc qu'à le lire pour le voir vivre, du moins pendant les six années qu'il a passées en Orient dans la compagnie de

Le sire de Joinville.

saint Louis. Plût à Dieu qu'il nous eût narré de même tout le reste de son existence ! Malheureusement il n'y a fait dans son livre que des allusions trop courtes et trop clair-semées. Et en dehors de cet ouvrage nous ne trouvons sur sa curieuse personnalité que de rares et insignifiantes données. A tout prendre et tel que l'histoire nous le présente, c'est une figure originale, suffisamment accusée et qu'il nous est permis de reproduire avec une certaine netteté.

Joinville, comme Villehardouin, fut un homme d'épée. Il était né dans le monde féodal, il le représente à nos yeux, avec moins de gravité, mais avec autant d'autorité que son devancier. Il a aussi avec lui cela de commun qu'il appartenait, par sa naissance et ses intérêts de famille, au comté de Champagne. Outre le château dont il porta le nom (1), ses ancêtres avaient possédé avant lui dans cette partie de la France des fiefs nombreux et considérables. Ils avaient aussi acquis et ils lui transmirent l'office héréditaire de sénéchal, qui était comme la réunion de tous les pouvoirs sous la seule autorité du comte. Un Geoffroy de Joinville, qui en

(1) Ce château dominait le bourg de Joinville, agglomération qui ne manque pas d'une certaine importance (département de la Haute-Marne). Il fut, en 1790, vendu à un particulier par le duc d'Orléans, son dernier possesseur, et ne tarda pas à être entièrement démoli.

était revêtu, prit une part importante à la seconde croisade. Deux autres personnages du même nom se distinguèrent dans les guerres d'Orient à la fin du XIIe siècle et au commencement du XIIIe. Un quatrième, appelé Simon, participait, sous Jean de Brienne, au siège de Damiette en 1218. Enfin notre chroniqueur rapporte avec fierté que son père, également nommé Simon, défendit énergiquement, en 1230, la ville de Troyes attaquée par les ennemis de son suzerain, et donna au roi le temps de la venir débloquer.

Jean de Joinville, le futur ami de saint Louis, naquit en 1224. Par sa mère il était assez proche parent de l'empereur Frédéric II. Par ses ascendants paternels il se rattachait à plusieurs grandes maisons, comme celles des ducs et comtes de Bourgogne, des comtes de Châlon et des dauphins de Viennois. De ses trois frères (1) et de ses deux sœurs nous ne dirons rien, ces personnages n'ayant pour nous aucune importance historique. Pour lui, en sa qualité d'aîné, il hérita, de bonne heure, du manoir patrimonial et des droits de sa famille à la sénéchaussée de Champagne. Orphelin et mineur, il fut, suivant la coutume féodale, pris en tutelle par son

(1) Geoffroy, sire de Vaucouleurs; Simon, seigneur de Gex et de Marnay; Guillaume, archidiacre de Salins et doyen de Besançon.

suzerain. Il passa sans doute la plus grande partie de son adolescence à Troyes et à Provins, dans l'entourage du comte Thibaut IV, roi de Navarre (1), seigneur élégant et lettré, qui rimait avec grâce et, plus encore que ses prédécesseurs, attirait à sa cour les trouvères en renom. Il n'acquit point, à ce qu'il semble, en cette société, une instruction fort étendue. Les barons de ce temps ne s'en souciaient guère. Mais il y aiguisa son esprit et y devint un homme de goût.

En 1241, n'étant pas encore armé chevalier, il assistait avec son suzerain, devant lequel il *tranchait* à table, nous dit-il, à de grandes fêtes données à Saumur par le roi Louis IX en l'honneur de son frère Alphonse (2). Peu d'années après, il était mis en possession de ses fiefs et devenait sénéchal de fait comme de nom. C'est alors sans doute qu'il fit ses premières armes, peut-être contre les Allemands, comme on peut le supposer d'après un passage de ses mémoires. Quoi qu'il en soit, nous savons qu'à peine majeur il se maria. Sa femme, Alix de Grandpré, l'apparentait au comte de Soissons, qui allait être son compa-

(1) Du chef de sa mère, Blanche de Navarre, qui avait épousé le comte Thibaut III (mort en 1201).

(2) A l'occasion de l'investiture du comté de Poitiers reçue par ce jeune prince.

gnon d'armes en Orient. Deux enfants lui naquirent. Mais le second avait à peine vu le jour (avril 1248) que Joinville partait pour la croisade. A dater de ce moment et jusqu'à son retour nous pouvons le suivre pas à pas. Lui-même a pris soin de nous servir de guide.

Cédant à l'entraînement religieux dont le roi venait de donner l'exemple, le bon sénéchal ne s'était point fait prier pour prendre la croix. Délivrer Jérusalem, c'était faire son salut. La gloire, pensait-il, n'allait pas manquer, et le profit non plus. Il engagea gaiement ses revenus pour pouvoir lever une grosse troupe et louer à Marseille un navire qui la transportât en Orient. Puis, ayant passé plusieurs jours avec ses parents et amis « en festes et en quarolles », il quitta son château et, non sans quelques serrements de cœur, alla s'embarquer. En septembre 1248, il rejoignait dans l'île de Chypre saint Louis, chef suprême de la croisade, à la solde duquel il se mit bientôt avec tous ses hommes, n'ayant plus le moyen de les entretenir. C'est à cette époque apparemment que commença entre ces deux hommes de cœur la liaison que le livre du sénéchal a immortalisée.

Au printemps de l'année suivante, l'armée chrétienne fit voile vers l'Egypte. Quand on fut devant Damiette, en face des Sarrasins, dont l'armée couvrait le rivage à perte de vue, Joinville ne put se tenir de sauter dans une petite embarcation et de se porter à la plage, sans même attendre le roi.

« Lors nous esmeunes, dit-il, pour aler à terre et venismes par delez la barge de cantiniers de la grant nef le roy, là où li roys estoit ; et sa gent me commencièrent à escrier, pour ce que nous aliens plus tost que il ne fesoient, que je arrivasse à l'ensaigne Saint-Denis qui en aloit en un autre vaissel devant le roy ; mais je ne les en cru point... » (Ch. 33) (1).

Traduction. « Alors nous nous mîmes en mouvement pour aller à terre et vînmes le long de la chaloupe du grand vaisseau du roi, là où le roi était. Et ses gens commencèrent à crier après moi parce que nous allions plus vite qu'ils ne faisaient, disant que j'abordasse à l'enseigne de Saint-Denis, qui s'en allait sur un autre vaisseau devant le roi ; mais je ne les en crus point... »

Après la victoire, quand le roi eut pris possession de Damiette, Joinville eut bonne part à la garde du camp devant la ville, et ce n'était pas, s'il faut l'en croire, une tâche facile. Plus tard, lorsque l'armée, qui s'était mise en marche vers le Caire, fut arrêtée par le canal d'Aschmoun, au delà duquel était la place de Mansourah, le sénéchal dut, à certains

(1) Les numéros des chapitres de Joinville cités dans cette étude sont indiqués d'après l'édition de Wailly.

moments, protéger les travailleurs chargés d'en assurer le passage ou défendre les lignes des croisés constamment attaquées. Partout il fit son devoir, sans forfanterie, mais sans faiblesse. C'est le jour de la grande bataille (le 8 février 1250) qu'il donna vraiment la mesure de sa valeur et de son dévouement. On venait de franchir le canal et on marchait sur Mansourah. Assailli avec sa troupe par une masse énorme de cavalerie, jeté à bas de son cheval, il n'a que le temps de se réfugier avec les hommes qui lui restent dans une masure en ruines où les mamelucks viennent le larder à coups d'épées et à coups de lances. On le dégage et il va rejoindre le roi. Puis, à la nouvelle qu'on a besoin de renforts sur un point éloigné du champ de bataille, il part, avec le connétable et trois ou quatre hommes d'armes, sans savoir si on le suivra. On ne le suit pas. Séparé du reste des croisés par un gros corps d'ennemis, il ne perd point la tête et revient posément par un détour. Mais, chemin faisant, le long d'un ruisseau, il arrive près d'un petit pont qui permettrait, pense-t-il, aux Sarrasins un mouvement de flanc contre l'armée royale. Et il y reste, avec ses compagnons, tenant tête à vingt assauts, ne reculant même pas devant le feu grégeois et s'estimant heureux de ne recevoir que cinq blessures.

« ... Je dis au connestable, écrit-il simplement, que nous demorissiens pour garder ce poncel ; « car se nous le lessons, il ferront sus le roy par deça ; et se nostre gent sont assailli de dous pars, il pourront bien perdre. » Et nous le feismes ainsinc... Je ving au conte de Soissons, et li dis : « Sire, je croi que vous feriès bien, se vous demouriés à ce poncel garder... » Et il demanda, se il demouroit, si je demourroie, et je li respondi : « Oïl, mout volontiers. » Li Turc amenèrent tout plein de vileins à pié. Au darien il amenèrent un vilain à pié, qui geta troiz foiz feu gregois. Nous estiens tuit couvert de pylés. Or avint ainsi que je trouvai un gamboison d'estoupes à un Sarrazin. Je tournai le fendu devers moy et fis escu dou gamboison, qui m'ot grant mestier ; car je ne fu pas bleciez de lour pylés que en cinc lieus et mes roncins en quinze lieus. Or avint encore ainsi que uns miens bourjoiz de Joinville m'aporta une banière de mes armes, à un fer de glaive ; et toutes les foiz que nous voions que il pressoient les serjans, nous lour couriens sus et ils s'enfuioient. » (Ch. 48-49.)

Traduction. « ... Je dis au connétable que nous demeurassions pour garder ce ponceau ; « car si nous le laissons, ils s'élanceront sur le roi par deçà, et si nos gens sont assaillis de deux côtés, ils pourront bien succomber. » Et nous fîmes ainsi. Je vins au comte de Soissons, et lui dis : « Sire, je crois que vous feriez bien si vous demeuriez à garder ce ponceau. » Il me demanda si, en cas qu'il demeurât, je demeurerais aussi. Et je lui répondis : « Oui, bien volontiers. » Les Turcs amenèrent tout plein de vilains à pied. En dernier lieu, ils amenèrent un vilain à pied qui lança trois fois le feu grégeois. Nous étions tout couverts de traits. Or il advint que je trouvai une veste rembourrée d'étoupes à un Sarrasin. Je tournai le côté fendu vers moi et fis un écu de la veste, qui me rendit grand service, car je ne fus blessé de leurs traits qu'en cinq endroits et mon roussin en quinze endroits. Or il advint aussi qu'un mien bourgeois de Joinville m'apporta une bannière avec un fer de lance; et toutes les fois que nous voyions qu'ils pressaient les sergents, nous leur courions sus, et ils s'enfuyaient. »

Le soir de cette belle journée, les croisés restaient maîtres du champ de bataille. Mais la disette et une terrible épidémie (que n'évita pas le sénéchal de Champagne) les réduisirent quelques semaines après à battre en retraite. Alors s'accumulèrent les désastres. Pendant que saint Louis se faisait prendre sur terre, Joinville, embarqué sur le Nil, était capturé par la croisière du Soudan. A l'approche des galères qui fondaient sur son petit navire, il jeta dans le fleuve son argent, ses joyaux, ses reliques, et se tint prêt à mourir. Comme il se fit passer pour un cousin du roi, on épargna sa vie. Mais on le dépouilla de tout. Comme il tremblait de fièvre, on voulut bien lui rendre une *couverture d'écarlate fourrée de menu vair*, qui lui venait de *madame sa mère*, et il ne devait pas avoir d'autre vêtement jusqu'à son arrivée à Saint-Jean-d'Acre. Conduit à Mansourah, enfermé avec les autres barons prisonniers, il eut à subir encore des menaces de mort, même après le traité conclu par le roi pour leur délivrance ainsi que pour la sienne. A un certain moment, pendant qu'on les réduisait vers Damiette, une troupe de Sarrasins envahit, sabre en main, le vaisseau où il se trouvait. Il crut sa dernière heure venue et tomba aux pieds d'un de ces barbares, n'ayant que la force de dire : « Ainsi mourut sainte Agnès. » Heureusement, il en fut quitte pour la peur et put bientôt rejoindre le roi qui, après avoir rendu Damiette et payé une partie de sa rançon, partit avec lui pour les côtes de Syrie.

En arrivant à Saint-Jean-d'Acre, le pauvre Joinville était fort mal en point. Ses soldats étaient morts, on lui avait pris ses chevaux, ses armes, ses bagages ; sa bourse était depuis longtemps vide, et il n'avait plus pour équipement que la couverture de madame sa mère. Ajoutez qu'il se ressentait encore de ses blessures et que le scorbut ou la peste, dont il était atteint, lui faisait craindre chaque jour de ne pas voir le lendemain. On le logea dans sa maison du curé de Saint-Michel, où il s'alita et où il n'avait d'autre réconfort que d'entendre du matin au soir célébrer des funérailles dans l'église voisine.

« ... Ne onques un jour toute jour, dit-il, je noy onques qui me peust aidier ne lever, ne je n'atendoie que la mort, par un signe qui m'estoit delez l'oreille ; car il n'estoit nus jours que l'on n'aportast bien vingt mors ou plus ou moustier ; et de mon lit, toutes les foiz que on les aportoit, je ouoie chanter *Libera me, Domine.* Lors je plorai et rendi grâces à Dieu, et lis dis ainsi : « Sire, aourez sois-tu de ceste soufraite que tu me fais, car mains bobans ai eu à mon couchier et à moy lever. Et te pri, Sire, que tu m'aides et me délivres de ceste maladie. » Et aussi fist-il. » (Ch. 81.)

Traduction. « Et pas un jour en tout ce temps je n'eus qui me pût aider ou lever, et je n'attendais que la mort, à cause d'un signal qui était près de mon oreille ; car il n'était pas de jour que l'on n'apportât bien vingt morts ou plus à l'église ; et de mon lit, toutes les fois qu'on les apportait, j'entendais chanter : *Libera me, Domine.* Alors je pleurai et rendis grâces à Dieu et lui dis ainsi : « Sire, sois adoré pour cette souffrance que tu m'envoies, car j'ai bien mis de faste à me faire habiller et lever, et je te prie, Sire, que tu m'aides et me délivres de cette maladie. » Et ainsi fit-il. »

L'honnête sénéchal guérit donc et sortit de ces épreuves plus gai, plus dispos et plus vaillant que jamais. Quand saint Louis consulta ses barons pour savoir s'il devait retourner en France ou s'il ferait mieux de rester en Palestine, Joinville lui conseilla hautement ce dernier parti. Il lui représenta que le royaume de Jérusalem, déjà si fort ébranlé, achèverait bientôt de s'écrouler, si l'on ne faisait un dernier effort pour le relever et le fortifier. L'intérêt de la chrétienté, non moins que l'honneur chevaleresque, commandait, suivant lui, de demeurer. Ceux des croisés qui n'aspiraient qu'au départ lui surent mauvais gré d'un tel avis. On le railla, on l'appela *poulain* (nom qu'on donnait alors par dérision aux chrétiens métis de Palestine). Il répliqua qu'un poulain valait mieux que des roussins fourbus et mit les rieurs de son côté.

Le roi dans ses malheurs l'avait pris en affection singulière. Il lui fut reconnaissant d'avoir pris à tel point souci de sa réputation et n'épargna rien pour se l'attacher à jamais. Décidé à ne pas quitter la Syrie avant d'avoir réparé les places fortes encore occupées en ce pays par les chrétiens et d'avoir délivré ses coreligionnaires captifs en Egypte, il fournit au sénéchal, sans marchander, les moyens de lever et d'équiper une nouvelle troupe. Joinville demandait 2,000 livres de solde pour neuf mois. C'était plus de 200,000 francs de notre monnaie. Les conseillers du roi trouvaient la somme forte. Mais saint Louis jugea que ce n'était pas payer trop cher un tel serviteur. Quelque temps après, quarante chevaliers champenois revinrent du Caire, absolument sans ressources. Leur compatriote les fit habiller et alla supplier le souverain de les prendre à ses gages.

« Uns chevaliers de son consoil, nous raconte-t-il, dist que je ne fesoie pas bien quant je aportoie tiex nouvelles au roy, là où il avoit bien sept mille livrées d'outraige. Et je li dis que par male aventure en peust-il parler, et que entre nous de Champaigne aviens bien perdu trente cinq chevaliers, touz banière portans, de la cort de Champaigne; et je dis : « Li roys ne fera pas bien, se il vous en croit, ou besoing que il a de chevaliers. » Après celle parole je commençai mout à plorer; et li roys me dist que je me teusse, et il leur donroit quant que je li avoie demandei. » (Ch. 92.)

Traduction. « Un chevalier de son conseil dit que je ne faisais pas bien quand j'apportais au roi de telles propositions, là où il y avait bien sept mille livres d'excès. Et je lui dis que pût-il lui advenir mal de parler ainsi, et qu'entre nous autres de Champagne nous avions bien perdu trente-cinq chevaliers de la cour de Champagne, tous portant bannière ; et je dis : « Le roi ne fera pas bien s'il vous en croit, dans le besoin qu'il a de chevaliers. » Après ces paroles, je commençai à pleurer très fortement, et le roi me dit que je me tusse et qu'il leur donnerait tout ce que je lui avais demandé. »

Quand le terme de son engagement fut arrivé (avril 1251), le sénéchal le renouvela, sans exiger du roi d'autre promesse que celle d'écouter désormais ses demandes sans se fâcher, ajoutant que, pour lui, si le roi les repoussait, il *ne se courroucerait* pas. Le bon prince rit beaucoup et le marché fut conclu. Joinville demeura donc près de saint Louis, le voyant chaque jour et veillant sur lui en vrai garde du corps. Les comtes d'Anjou et de Poitiers, frères du roi, le lui avaient, du reste, particulièrement recommandé, avant de s'embarquer pou-la France, comme à l'ami qui leur inspirait le plus de confiance. Il avait sous ses ordres cinquante chevaliers, qu'il entretenait de son mieux en exacte discipline et en bonnes mœurs, ne souffrant point entre eux de querelles et prêchant d'exemple la vigilance et la piété. Nous devons dire qu'il s'efforçait aussi de les tenir en belle humeur. Dix d'entre eux, à tour de rôle, mangeaient chaque jour à sa table; en campagne tous avaient cet honneur. Aussi avait-il toujours dans ses étables nombre de porcs et de moutons. Il achetait, quand approchait la Saint-Rémy, bonne provision de farine, plus cent tonneaux de vin, et faisait, dit-il, *toujours boire le meilleur avant*. Parfois, sans trop calculer, il donnait aux chefs de l'armée de grands festins, et ses propres convives étaient obligés de prêter de l'argent au roi pour lui en rembourser les frais.

Après un assez long séjour à Saint-Jean-d'Acre, Joinville suivit saint Louis à Césarée (1251), puis à Jaffa (1252), enfin à Tyr et à Sidon (1253), non sans guerroyer de temps à autre à la tête de sa *bataille* ou compagnie contre les bandes de Bédouins, de Turcs ou de Sarrasins qui infestaient toute la Palestine et ne laissaient aux chrétiens ni trêve ni repos. Une fois il alla pour chasser une de ces hordes de pillards jusque sur les montagnes, à Bélinas, où il fut en grand danger et où ses compagnons faillirent le laisser, le croyant mort. Lorsque le roi eut achevé de délivrer les captifs d'Egypte et de fortifier les places de Terre-Sainte, Joinville comme son maître, put s'apprêter au retour. S'il n'eut pas la satisfaction de voir Jérusalem, il se dédommagea par un pèlerinage à Notre-Dame de Tortose, où il se procura, nous apprend-il, de précieuses reliques. Enfin, après avoir escorté de Sidon à Tyr la reine et ses enfants (mission de confiance dont la responsabilité lui parut bien lourde), il eut, en avril 1254, la joie de s'embarquer avec saint Louis et sa famille et de faire voile vers la France.

Grâce à une traversée qui ne dura pas moins de dix semaines et qui ne fut pas exempte de périls, le bon sénéchal revit sa patrie et se hâta de se rendre à Joinville, où sa femme et tous les siens, qui vingt fois l'avaient cru mort, l'attendaient avec anxiété. Il rentrait, après six ans d'absence, dans sa seigneurie ruinée par les exactions. Il revoyait ses chers vassaux, dont tant d'enfants étaient partis avec lui et ne revenaient pas. Le spectacle de leur douleur le guérit pour toujours de tout penchant aux aventures lointaines. Il était allé de grand cœur à la croisade ; il y avait fait noblement son devoir. Mais il se promit bien de n'y plus retourner et tint parole.

Il n'en resta pas moins lié d'étroite amitié avec le roi dont il devait être plus tard le panégyriste. Saint Louis qui, pour reconnaître ses services, lui avait assuré dès 1253 une rente perpétuelle de 200 livres (1), et qui, plus tard, l'investit d'un fief domanial de quelque importance, ne cessa de lui témoigner son estime et son affection. En 1255, c'est lui qu'il chargea d'accommoder la querelle de succession qui s'était élevée entre les enfants du comte de Champagne Thibaut IV, récemment décédé. Joinville s'acquitta fort bien de cette mission, et c'est encore lui, tout le fait supposer, qui, la même année, fit obtenir au nouveau comte, Thibaut V, la main d'Isabelle de France, fille du roi. Dès lors il vécut fort tranquillement, passant la plus grande partie de l'année à Troyes ou à Joinville, mais ne manquant pas de venir à Paris chaque fois que le roi convoquait sa cour et tenait *parlement*. Saint Louis le gardait près de lui le plus longtemps possible, lui faisait parfois la morale, le mettait aux prises avec de graves théologiens

(1) Somme qui représenterait aujourd'hui vingt ou vingt-cinq mille francs

que le sénéchal rabrouait vertement, riait de ses saillies et, en matières sérieuses, ne dédaignait jamais ses conseils. Joinville était souvent chargé, avec d'autres seigneurs, de tenir les *plaids de la porte*, c'est-à-dire de recevoir les requêtes portées directement à l'hôtel du roi et de prononcer sur les différends. Les cas les plus difficiles et les plus douteux étaient soumis au souverain qui, par les beaux jours, assis sur un tapis ou simplement sur le sol, soit dans le bois de Vincennes, soit à Paris, dans le jardin du Palais (1), faisait venir les parties, prenait l'avis des barons et des légistes, puis jugeait les procès en son âme et conscience.

Un jour (c'était en 1267), le sénéchal de Champagne fut mandé comme d'habitude au *parlement*. Un songe, où il vit le roi qui, à genoux, se faisait revêtir d'une chasuble rouge de serge de Reims, le préoccupa si fort qu'il en demanda l'explication à un *sien prêtre, monseigneur Guillaume*. Cela signifiait, au dire de ce dernier, que le roi voulait se croiser, mais que sa croisade serait *de petit profit*. Effectivement, Louis IX avait résolu de repartir pour l'Orient. Nombre de princes et de seigneurs firent

(1) Le *Palais* de saint Louis, dont il ne reste que fort peu de chose, était situé dans l'île de la Cité, sur l'emplacement occupé de nos jours par le *Palais de justice*.

Saint Louis rendant la justice à Vincennes.

serment de l'accompagner. Joinville, pressé de les imiter, refusa, non sans respect, mais avec la plus grande fermeté. Il se devait, dit-il, avant tout à son peuple, à ses vassaux de Champagne, qui jadis avaient tant souffert de son absence. Se mettre dans les aventures du *pèlerinage*, où il ne voyait de clair que mal et le dommage de ses gens, ce serait courroucer Dieu. Donc il était résolu à rester, et il resta. Plût à Dieu, pensa-t-il toujours, que le roi en eût fait autant ! Ceux-là commirent un péché mortel, s'écrie-t-il, qui lui conseillèrent de partir et d'exposer au désordre, en le quittant, un royaume que sa présence seule maintenait en paix et en prospérité.

Ses avis, cette fois, ne furent pas écoutés. Après trois ans de préparatifs, saint Louis partit de nouveau pour l'Afrique. Il était déjà faible, exténué, presque mourant. La dernière fois que Joinville le vit, il ne pouvait ni marcher ni se tenir à cheval. Il fallut que le bon sénéchal le prît dans ses bras et le portât de l'hôtel du comte d'Auxerre jusqu'au couvent des Cordeliers, où il prit congé de lui. Peu de mois après, ses funèbres pressentiments étaient réalisés : Louis IX était mort devant Tunis le 25 août 1270.

Joinville survécut près d'un demi-siècle à son royal ami. Mais il conserva toujours frais et fidèle le souvenir d'une intimité qui avait été sa gloire.

A peine enseveli, le vieux roi fut à ses yeux un saint et devint pour lui, comme pour ses contemporains, l'objet d'un culte auquel l'Eglise elle-même ne tarda pas à s'associer. Dans l'enquête ecclésiastique qui précéda la canonisation de son maître, on ne manqua pas d'invoquer son témoignage. Il fut, en 1282, interrogé pendant deux jours, à Saint-Denis, par l'archevêque de Reims et frère Jean de Samois, sur les vertus d'un prince que nul peut-être n'avait connu ni aimé mieux que lui. Il assista plus tard (1298) aux cérémonies pompeuses où fut célébré son ancien maître, mis désormais « au nombre des confesseurs », et où son nom fut cité avec honneur. Enfin la reine Jeanne de Navarre, comtesse de Champagne et femme de Philippe le Bel, voulant faire écrire l'histoire de saint Louis, jugea que cette tâche revenait de droit à Joinville. Le sénéchal avait alors quatre-vingts ans. Mais la vieillesse semblait n'avoir pas plus de prise sur son esprit que sur son cœur. De fait nul historien dans sa fleur de jeunesse n'a jamais été, que je sache, plus primesautier, plus vif ni plus piquant que cet octogénaire.

Il était encore, d'ailleurs, fort alerte de corps et ne s'était point retiré du monde. Fort estimé de Philippe III, fils de saint Louis, il avait reçu de ce prince, vers 1283, une charge honorable, mais très laborieuse, et qu'il remplit, à ce qu'il semble, pendant plus de vingt ans. Jeanne de Navarre, unique héritière de la Champagne, était orpheline. Le roi, son tuteur légal, confia l'administration du comté à Joinville, qui continua sans doute à l'exercer quand la jeune princesse fut devenue l'épouse de Philippe IV. Elle mourut en 1305. Son patrimoine appartint dès lors à l'aîné de ses fils (plus tard roi de France sous le nom de Louis X). Ce dernier maintint-il Joinville dans ses fonctions ? C'est ce que nous ignorons. Mais il l'honora tout autant que sa mère. C'est à lui que le vieux sénéchal dédia son livre. On dit que, sur la fin du règne de Philippe le Bel, les exigences fiscales de ce prince et ses empiètements sur les droits des seigneurs le portèrent à entrer dans la ligue féodale et à prendre les armes contre l'autorité du roi. Mais Philippe étant mort (1314) et son successeur ayant plié devant les barons, Joinville redevint le plus dévoué des vassaux. En 1315, Louis X l'ayant requis de se rendre à son *ost* pour marcher contre les Flamands, le sénéchal répondit par une lettre qui nous est parvenue et atteste son empressement à réunir ses hommes pour les mettre en campagne. Il avait 91 ans. Fit-il vraiment cette dernière chevauchée ? Nous ne saurions l'affirmer. Quatre ans après, il s'éteignit doucement dans le château patrimonial où il était né. Il avait vécu près d'un siècle, servi cinq rois, vu finir les croisades et assisté sans le savoir au début de l'évolution monarchique qui devait substituer en France l'unité nationale au morcellement féodal. Quand il naquit, la guerre des Albigeois désolait le royaume et Philippe-Auguste venait d'expirer. Quand il mourut, la guerre de Cent Ans allait commencer et Duguesclin venait de naître.

Sa descendance masculine ne se prolongea pas au delà de deux générations. Son héritage fut, vers la fin du XIVe siècle, porté par une fille dans la maison de Lorraine. C'est ainsi que les Guises se trouvèrent plus tard possesseurs de la seigneurie de Joinville (devenue principauté). Ils la transmirent à la famille d'Orléans, qui en a gardé le titre. Le château, vendu en 1790, a été entièrement démoli. L'église de Saint-Laurent, où le vieux sénéchal de Champagne avait été enseveli, n'existe plus depuis longtemps ; les tombeaux qu'elle renferme ont été détruits pendant la Révolution. Il ne reste donc plus rien de Joinville que son livre. Mais c'est assez pour que son nom ne soit jamais oublié.

CHAPITRE IX

JOINVILLE (*suite*). — ANALYSE DE SON LIVRE

C'est au mois d'octobre 1309 que le sénéchal de Champagne termina son ouvrage. Il en remit un exemplaire au roi Louis et, vraisemblablement, en garda un autre. Un certain nombre de copies en furent faites de bonne heure. Cependant ce livre charmant n'eut pas, à ce qu'il semble, vers la fin du moyen âge, toute la notoriété dont il était digne. Le retentissement des guerres anglaises et l'éclat des chroniques de Froissart lui firent sans doute du tort. Le fait est que les manuscrits en sont rares. On n'en connaît actuellement que trois. Joinville n'acquit la faveur du public qu'à partir du XVIe siècle. Son Histoire de saint Louis fut imprimée pour la première fois à Poitiers en 1547. Mais son éditeur, Antoine de Rieux, cédant au goût de fausse élégance qui régnait de son temps, s'était évertué, pour ainsi dire, à la défigurer. Comme il la trouvait *mal ordonnée* et d'un *langage assez rude*, il avait pris à tâche, disait-il, de *la polir et de la mettre en meilleur ordre.* Claude Ménard, qui en donna une seconde édition en 1618, blâma beaucoup son devancier, mais tomba dans le même travers. Du Cange, qui vint après lui (1668), éclaira le texte par de savants commentaires, mais ne chercha pas à le rétablir dans sa pureté primitive. Jusque-là, d'ailleurs, on n'avait eu à publier que des manuscrits relativement modernes et où la langue de Joinville avait été déjà fort dénaturée. En 1744, il en fut trouvé un qui datait de la fin du XIVe siècle et qui, bien que portant la trace d'un remaniement grammatical conforme aux habitudes de cette époque (1), était évidemment plus fidèle. C'est celui que l'on s'attacha depuis lors à reproduire (2) jusqu'au moment où Natalis de Wailly put le corriger grâce à une découverte précieuse. Un grand nombre de chartes, rédigées à Joinville, sous les yeux de notre historien et par les scribes mêmes qui avaient eu à copier ses

(1) Les règles de l'orthographe française furent profondément modifiées au XIVe siècle. — Sur cette transformation, V. Brachet, *Grammaire historique de la langue française;* — Ampère, *Histoire de la formation de la langue française;* — Aubertin, *Histoire de la langue et de la littérature françaises*, etc.

(2) On le trouve notamment dans l'édition de Michaud et Poujoulat (collection de mémoires pour servir à l'histoire de France, t. I, 1836), et dans l'édition Daunou (t. XX du *Recueil des historiens de France*, 1840).

mémoires, donnèrent à ce paléographe exercé des spécimens sûrs d'une orthographe et d'une grammaire que des mains infidèles avaient étrangement défigurées. — L'*Histoire de saint Louis*, dont le fond n'avait pas été sensiblement altéré, a donc recouvré depuis 1868 sa forme originelle (1). Le texte qu'en a donné à cette époque le savant en question est le seul qui désormais doive faire foi, parce que c'est le seul où Joinville, s'il revivait, pût reconnaître sa langue.

L'édition de Wailly est divisée en cent quarante-neuf chapitres, dont nous devons résumer le contenu avant d'essayer de juger et l'auteur et son œuvre.

En commençant son livre, Joinville nous annonce qu'il comprendra deux parties bien distinctes. Dans la première, on verra comment saint Louis *se gouverna tout son temps selon Dieu et selon l'Eglise;* la seconde sera consacrée à *ses grandes chevaleries et à ses grands faits d'armes.* En d'autres termes, il veut dans son héros étudier l'homme d'une part, de l'autre le roi.

Le bon sénéchal n'a pas été très fidèle à son programme, on pourra s'en convaincre. Les matières

(1) M. de Wailly a justifié ce remaniement dans une lumineuse étude publiée en 1872 (*Mémoires de l'Académie des Inscriptions et Belles-Lettres*).

qu'il a promis de diviser se mêlent étrangement sous sa plume. Mais rendons-lui cette justice que, pendant les quinze premiers chapitres, il a fait ce qu'il a pu pour s'en tenir à son plan. Il n'est guère en effet question, dans cette portion de l'ouvrage, que des vertus privées du roi, si l'on en excepte l'énumération assez longue des cas où saint Louis a *mis son corps en aventure de mort* pour ne pas se séparer de ses soldats. Il donne des exemples de son amour pour la vérité, de sa sobriété, de son dédain pour le luxe. Il nous le montre préoccupé sans cesse du *péché mortel*, cette *lèpre de l'âme*, plus immonde à ses yeux que celle du corps ; humble jusqu'à laver les pieds des mendiants, les faire manger de sa main, panser les plaies des malades ; amoureux de *prudhommie*, si grande et si belle chose à son sens qu'au *nommer* seul elle *emplit la bouche ;* soucieux pour ses barons, plus que pour lui-même, d'une mise conforme à leur rang et qui les fasse *mieux aimer de leurs femmes* et *mieux priser de leurs gens*. Il s'étend longuement sur cette foi robuste, naïve, exclusive, qui faisait la force du roi dans ses épreuves, et il l'admire fort dans son intolérance à l'égard des Juifs.

« Aussi vous di-je, fist li roys, que nulz, se il n'est très bons clers, ne doit desputer à aus; mais li home lays, quant il ot mesdire de la loi crestienne, ne doit pas desfendre la loy crestienne, ne mais de l'espée, de quoy il doit donner parmi le ventre dedens, tant comme elle y puet entrer. » (Ch. 10.)

TRADUCTION. « Aussi vous dis-je, fit le roi, que nul, s'il n'est très bon clerc, ne doit disputer avec eux; mais un laïque, quand il entend médire de la loi chrétienne, ne doit pas défendre la loi chrétienne, sinon avec l'épée, dont il doit donner dans le ventre autant qu'elle y peut entrer. »

Pieux et presque mystique, Louis IX employait une grande partie de ses journées et de ses nuits en prières. Mais il n'oubliait pas pour cela qu'il se devait à ses sujets. Il aimait à leur rendre lui-même la justice, familièrement assis avec ses conseillers, comme nous l'avons rapporté plus haut. Sa dévotion ne l'empêchait pas non plus de repousser fermement toute demande injuste des évêques, comme celle qu'ils lui firent de contraindre matériellement les excommuniés à la soumission, quel que fût le motif de l'excommunication. Sa droiture naturelle ne lui faisait jamais défaut. Il était, dit Joinville, loyal envers tous et quoi qu'il pût lui en coûter, sacrifiant au besoin son intérêt à l'équité ou simplement à la paix, comme il fit quand il rendit au roi d'Angleterre des provinces qu'il avait le droit incontestable de garder.

Après avoir exposé sommairement les vertus de son héros, le sénéchal de Champagne aborde l'histoire politique et militaire du règne et, sauf un certain nombre de digressions que nous indiquerons, ne s'en détourne plus guère.

Quelques détails sur l'enfance du roi, sur l'éducation sévère et presque monacale que sa mère, Blanche de Castille, lui avait fait donner, l'amènent à raconter, assez brièvement du reste, la régence de cette princesse. Les luttes qu'elle eut à soutenir contre les grands vassaux, et les épreuves qu'eut à subir pour elle son allié Thibaut de Champagne, de 1230 à 1234, sont retracées avec vivacité. De cette époque lointaine l'auteur saute sans transition aux fêtes de Saumur, qu'il a vues (en 1241) et qu'il décrit avec une complaisance un peu minutieuse. L'épisode de Taillebourg et de Saintes, la déroute des Anglais en 1242 et l'humiliation du comte de la Marche ne l'arrêtent, après cela, qu'un instant. On sent que ces événements, qu'il sait seulement par ouï-dire, n'ont pour lui qu'un assez médiocre intérêt. Il n'en est pas ainsi de la croisade qu'il a faite avec saint Louis et dont les plus menus incidents ne lui paraîtront pas indignes d'être contés. Jusque-là son ouvrage n'était guère qu'une compilation. C'est à partir de cet endroit que Joinville écrit vraiment ses *Mémoires*.

Au cours d'une grave maladie, le roi s'est voué par serment à la guerre sainte. Les larmes de sa mère, qui *mène aussi grand deuil que si elle le voyait mort*, ne peuvent le retenir. Après plusieurs années de préparatifs, il part avec ses trois frères, les comtes d'Artois, de Poitiers et d'Anjou (1248). Tandis qu'ils voguent vers l'île de Chypre, le sénéchal, qui a pris également la croix, nous retrace avec détails ses propres armements, ses adieux, ses pèlerinages, son départ pour Marseille, son embarquement sur cette mer qu'il semble n'avoir jamais vue et qui, en tout cas, lui fait grand'peur.

« A celle journée que nous entrames en nos neis, fist l'on ouvrir la porte de la nef, et mist l'on touz nos chivaus ens, que nous deviens mener outre-mer; et puis reclost l'on la porte et l'enboucha l'on bien, aussi comme l'on naye un tonnel, pour ce que, quant la neis est en la grant mer, toute la porte est en l'yaue. Quant li cheval furent ens, nostre maistres notonniers escria à ses notonniers, qui estoient ou bec de la nef, et lour dist: « Est arée vostre besoigne ? » Et il répondirent: « Oil, Sire; vieingnent avant li clerc et li provère. » Maintenant que il furent venu, il lour escria : « Chantez, de par Dieu! » Et il s'escrièrent tuit à une voix : *Veni creator Spiritus*. Et il s'escria à ses notonniers : « Faites voille, de par

Dieu! » Et il si firent. Et en brief tout li vent se feri ou voile et nous ot tolu la veue de la terre, que nous ne veismes que ciel et yaue; et chascun jour nous esloigna li venz des païs où nous aviens esté nei. Et ces choses vou moustré-je que cil est bien fol hardis, qui se ose mettre en tel péril, atout autrui chatel ou en pechié mortel; car l'on se dort le soir là où on ne sait se l'on se trouvera ou font de la mer au matin. » (Ch. 28.)

TRADUCTION. « Le jour que nous entrâmes dans nos vaisseaux, l'on fit ouvrir la porte du vaisseau et l'on mit dedans tous nos chevaux, que nous devions mener outre-mer; et puis on referma la porte et on la boucha bien, comme quand on noie un tonneau, parce que quand le vaisseau est en mer toute la porte est dans l'eau. Quand les chevaux furent dedans, notre maître nautonnier cria à ses nautonniers qui étaient à la proue du vaisseau et leur dit: « Votre besogne est-elle prête? » Et ils répondirent: « Oui, Sire; que les clercs et les prêtres s'avancent. » Aussitôt qu'ils furent venus, il leur cria: « Chantez, de par Dieu! » Et ils s'écrièrent tout d'une voix: *Veni creator Spiritus*. Et le maître cria à ses nautonniers: « Faites voile, de par Dieu! » Et ainsi firent-ils. Et en peu de temps le vent frappa sur les voiles et nous eut enlevé la vue de la terre, tellement que nous ne vîmes que le ciel et l'eau; et chaque jour le vent nous éloigna du pays où nous étions nés. Et par là je vous montre que celui-là est un fou bien hardi qui s'ose mettre en tel péril avec le bien d'autrui ou en péché mortel; car l'on s'endort le soir là où on ne sait pas si l'on se trouvera au fond de la mer le matin. »

Arrivé à Chypre, Joinville s'engage avec ses

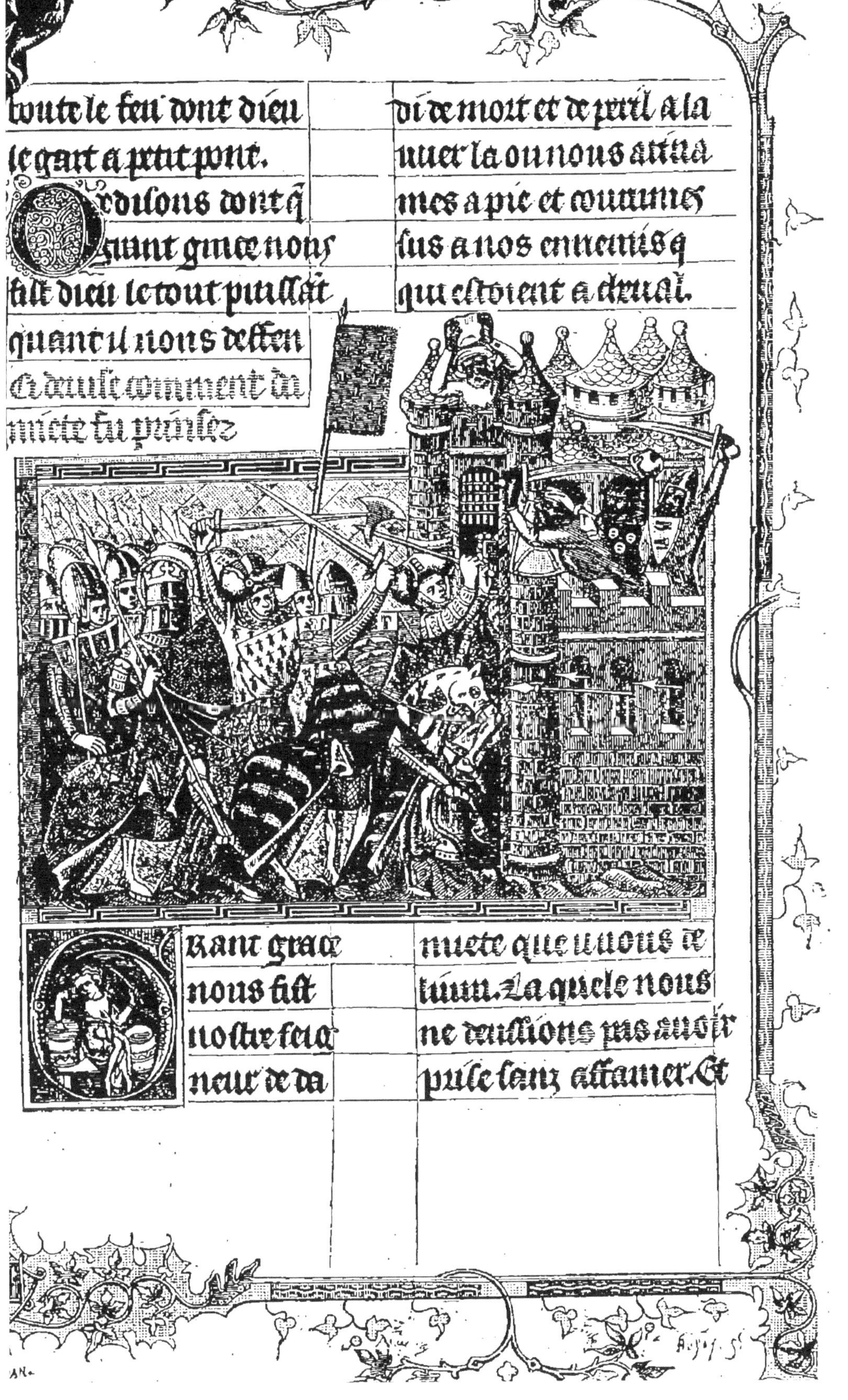

contre le feu dont dieu
le gart a petit pont.
Or disons donc q
quant grace nous
fist dieu le tout puissant
quant il nous deffen
di de mort et de peril a la
riuer la ou nous arriva
mes a pie et courumes
sus a nos ennemis q
qui estoient a cheval.

Ce deuise comment da
miete fu prinse

Grant grace
nous fist
nostre seig
neur de Da
miete que il nous de
liura. La quele nous
ne deussions pas auoir
prise sanz affamer. Et

neuf chevaliers à la solde du roi. Le séjour des croisés se prolonge plus de huit mois dans cette île, où l'impératrice de Constantinople vient solliciter en vain leur secours et où saint Louis accueille à merveille une ambassade des Tartares (1), parce qu'il voit en eux des ennemis de l'Islam et qu'il espère les convertir au christianisme. Enfin, au mois de mai 1249, l'on fait voile pour l'Egypte, car c'est en ce pays que, comme au temps de Jean de Brienne, on veut frapper au cœur la puissance musulmane. Le 4 juin, l'on est en vue de Damiette, grand port situé à l'embouchure du Nil et sur la rive gauche de ce fleuve. Le débarquement est décidé. Joinville se jette avec ses hommes sur un navire léger et se hâte de prendre terre. Tous les barons rivalisent d'audace et luttent de vitesse. Le comte de Jaffa, sur sa galère enrubannée de panonceaux à ses armes, semble voler vers la plage. Le roi, *le glaive en la main,* se met à l'eau jusqu'aux aisselles. Alors commence entre les croisés et les mamelucks rangés sur le rivage un combat sur lequel notre auteur passe rapidement et qui se termine par la déroute des musulmans. Ils fuient bien-

(1) Au commencement du XIIIe siècle, les Mongols, qu'on appelait à tort les Tartares en Europe, avaient sous Gengis-Khan (mort en 1227) conquis la plus grande partie de l'Asie, notamment l'empire musulman de Kharism.

tôt de toutes parts et, contre tout espoir, cette place de Damiette, que d'autres chrétiens avaient assiégée plus d'une année, tombe en un jour au pouvoir de Louis IX.

Mais les vainqueurs ne savent pas profiter de ce grand succès. Chefs et soldats se laissent aller à une corruption que le roi déplore sans pouvoir la réprimer. Arrêté par la crue du Nil, ce dernier ne peut marcher en avant. Il attend du reste son frère le comte de Poitiers, qui doit lui amener des renforts. Ce n'est qu'au mois de novembre que l'armée s'ébranle dans la direction du Caire. On avance lentement, bien lentement, le long du fleuve, et quand on trouve devant soi un cours d'eau transversal, on n'imagine rien de mieux pour le franchir que d'élever au travers une épaisse chaussée de terre. En présence du canal d'Aschmoun (1), fossé profond qui barre toute la plaine et derrière lequel se dresse Mansourah, quartier général des forces égyptiennes, ce procédé primitif n'est pas abandonné. Pendant six semaines les croisés s'obstinent à porter de la terre pour le rétrécir d'une part, tandis que les Sarrasins l'élargissent de l'autre. L'ennemi les harcèle sans relâche, la nuit, le jour, détruit leurs machines,

(1) *Le flum de Raxi*, comme l'appelle Joinville.

les couvre de ce feu grégeois dont il a le secret et qui leur paraît une invention diabolique.

« La manière dou feu gregois, dit Joinville, estoit teix, que il venoit bien devant aussi gros comme uns tonniaus de verjus, et la queue dou feu qui partoit de li estoit bien aussi grans comme un grand glaives. Il faisoit tel noise ou venir, que il sembloit que ce fust la foudre dou ciel ; il sembloit un dragon qui volast par l'air. Tant getoit grant clartée, que l'on véoit aussi clair parmi l'ost comme se il fust jours pour la grant foison dou feu qui jetoit la grant clartéi... » (Ch. 43.)

Traduction. « La nature du feu grégeois était telle qu'il venait bien par devant aussi gros qu'un tonneau de verjus et la queue du feu qui en sortait était bien aussi grande qu'une grande lance. Il faisait un tel bruit en venant qu'il semblait que ce fût la foudre du ciel ; il semblait un dragon qui volât dans les airs. Il jetait une si grande clarté que l'on voyait parmi le camp comme s'il eût été jour, pour la grande foison du feu qui jetait une grande clarté... »

L'armée n'eût sans doute jamais franchi le canal, si un de ces Bédouins dont Joinville décrit quelque part les mœurs farouches ne lui eût indiqué un gué. Le 8 février 1250, au matin, les Templiers et le comte d'Artois, qui forment l'avant-garde, passent les premiers sur la rive droite. Mais au lieu d'attendre les autres *batailles*, comme il lui avait été prescrit, le prince se jette follement sur les mamelucks, les culbute d'abord, les pousse jusque dans Mansourah et pénètre avec eux dans la ville. Là l'ennemi se reforme. Le frère du roi et ses compagnons sont écrasés par le nombre et périssent presque tous. C'est alors seulement que le roi débouche avec le gros de l'armée. Toutes les forces égyptiennes se portent contre lui. Nous avons vu plus haut la part prise par Joinville à ce combat mémorable. Ce que notre auteur ne nous laisse pas non plus ignorer, c'est la vaillance calme et sereine du roi, qui, reconnaissable à son casque doré, se portait sans relâche au plus épais de la mêlée, partout où sa présence pouvait relever les courages. A un certain moment, six Sarrasins l'entourèrent, prirent la bride de son cheval; mais il donna de tels coups d'épée que bientôt il demeura libre. Le soir les chrétiens étaient, finalement, maîtres du champ de bataille. Mais le roi s'enquérait tristement de son imprudent frère. Un de ses barons lui dit qu'il était en paradis, mais qu'après tout on était vainqueur.

« Et li roys respondi que Diex en fust aourez de tout ce que il li donnoit ; et lors li chéoient les lermes des yex mout grosses... « (Ch. 50.)

Traduction. « Et le roi répondit que Dieu fût adoré pour les dons qu'il lui faisait ; et alors les larmes lui tombaient des yeux bien grosses. »

Trois jours après, les croisés, attaqués dans toutes leurs positions par l'armée musulmane, restèrent inébranlables. Mais ce fut là le dernier de leurs succès. La mort récente du soudan Saleh-Ayoub avait mis le désarroi parmi les musulmans. Son fils Touran-Schah, qui arrivait en toute hâte de Syrie, ne tarda pas à relever leurs affaires. Une grande flotte alla par ses ordres barrer le Nil entre Mansourah et Damiette, captura plus de cent vaisseaux chrétiens et réduisit les croisés, qui ne pouvaient s'approvisionner que par le fleuve, à la plus affreuse disette. Une horrible maladie sévit bientôt parmi les soldats de saint Louis. La chair de leurs jambes se desséchait, devenait toute noire, leur bouche se remplissait d'excroissances malsaines ; des saignements de nez survenaient; c'était la mort.

« Il venoit, écrit le sénéchal, tant de char morte ès gencives à nostre gent, que il convenoit que barbier os tassent la char morte, pour ce que il peussent la viande maschier et avaler aval. Grans pitiés estoit d'oïr braire les gens parmi l'ost, ausquiex l'on copoit la char morte... » (Ch. 58.)

Traduction. « Il venait tant de chair morte aux gencives de nos gens qu'il fallait que les barbiers ôtassent la chair morte, pour leur donner moyen de mâcher les aliments et d'avaler. C'était grand'pitié d'ouïr crier dans le camp les gens auxquels on coupait la chair morte... »

Un tel état de choses ne permettait pas à saint Louis de poursuivre l'offensive. Il dut se mettre en retraite. Mais déjà il était trop tard. Enveloppés sur terre, arrêtés sur le fleuve, les croisés tombèrent en masse au pouvoir de leurs ennemis (6 avril 1250). Le roi, qui avait voulu rester à l'arrière-garde, fut pris dans un village où, exténué lui-même par la maladie, il gisait comme mort, pendant que de vaillants hommes se faisaient tuer pour le défendre. Nous avons dit au chapitre précédent comment Joinville et ses chevaliers avaient été capturés. La plus grande partie des chrétiens furent jetés à l'eau par les mamelucks. Parmi ceux que l'on conduisit à Mansourah, beaucoup furent décapités, pour n'avoir pas voulu abjurer leur foi. Les vainqueurs n'épargnèrent que les prisonniers de marque, dont ils espéraient une rançon.

Après bien des transes et des alertes, dont le récit n'est pas la partie la moins émouvante de son livre, le sénéchal de Champagne raconte qu'un traité fut signé par saint Louis qui, moyennant huit cent mille besants et la remise de Damiette, devait recouvrer la liberté pour lui et ses compagnons. Mais les croisés n'étaient pas au bout de leurs peines. Une conspiration militaire, qu'il nous retrace, coûta la vie au soudan. Il fut égorgé sous les yeux même de

Joinville, et l'un de ses meurtriers, les mains toutes sanglantes, courut vers le roi de France en criant : « Que me donneras-tu pour t'avoir occis ton ennemi? » Les chrétiens furent un moment menacés d'un massacre général. La ferme contenance de saint Louis en imposa aux plus furieux. Les mamelucks ratifièrent la convention et, quelques jours après, le roi de France, ayant livré Damiette et payé le premier pacte de sa rançon, put s'embarquer pour la Palestine.

Après quelques digressions peu importantes, le sénéchal transporte son lecteur à Saint-Jean-d'Acre. Ce qu'il y fit, nous l'avons rapporté plus haut ; il n'est pas besoin de le répéter. C'est dans cette ville que Louis IX reçut diverses ambassades, sur lesquelles notre historien s'arrête avec quelque complaisance. Celle qui le frappa le plus fut celle du *Vieux de la Montagne*, chef de la secte fameuse des *Assassins* (1), qui, après quelques bravades, finit par s'adoucir et envoyer des présents au roi de France. Ce dernier, malgré sa détresse, était encore respecté.

(1) Les *Assassins* ou *Haschichis* (de *haschisch*, nom d'une préparation enivrante dont ils faisaient grand usage) s'étaient rendus redoutables à tous les princes par la docilité fanatique et aveugle avec laquelle ils allaient mettre à mort les victimes désignées par leur chef. Leur nom est devenu synonyme de *meurtriers*. Ils obéissaient au cheik d'Halamout, forteresse située dans la région montagneuse de la Syrie.

Bientôt même il fut recherché. Joinville raconte, ce qui est exact, que le soudan d'Egypte et celui de Damas sollicitèrent en même temps son alliance. Ils se faisaient la guerre et leur rivalité servit puissamment les intérêts des croisés.

C'est là ce qui explique comment le roi de France, presque dénué d'argent et de troupes, put séjourner quatre ans en Terre-Sainte et fortifier, sans être fort inquiété, les places de la côte qu'occupaient encore les chrétiens. Son panégyriste le suit fidèlement dans sa tournée militaire, non sans en interrompre le récit par des digressions semi-historiques, semi-fabuleuses, que certains noms propres font naître de temps en temps sous sa plume. C'est ainsi qu'à propos de Césarée, où saint Louis reçut les envoyés français qui étaient allés de sa part trouver le Khan des Tartares et qui revenaient de l'Asie centrale, il nous expose à sa façon l'histoire de cette nation, ses conquêtes et les aventures merveilleuses de certains de ses princes. A l'occasion d'un seigneur grec qui a eu affaire aux Comains (1) et qui vient d'arriver au camp, il nous entretient naturellement de cette autre peuplade barbare. Puis il nous conte ses propres af-

(1) Il est souvent question dans Villehardouin de cette nation païenne et belliqueuse, qui, au temps de la quatrième croisade, était généralement l'alliée des Bulgares.

faires, le genre de vie qu'il menait en Palestine, et ne nous laisse rien ignorer de son train de maison. Suivent des anecdotes destinées à montrer la sévère discipline que le roi de France s'efforçait d'établir parmi les chrétiens d'Orient. De Césarée il nous conduit à Jaffa, excellent prétexte pour nous parler du brave Gauthier de Brienne, comte de cette ville, glorieusement vaincu par le soudan d'Egypte en 1244 et massacré au Caire dans sa prison. Inutile d'ajouter que la variété du récit est encore augmentée çà et là par des tableaux d'escarmouches que le vieux narrateur retrouve encore tout frais dans sa mémoire et plaque bonnement dans son histoire, sans trop savoir s'ils sont bien à leur place.

Saint Louis passa plus d'une année à Jaffa. Mais ce ne fut pas seulement pour fortifier cette place. Il y attendit longtemps les envoyés du soudan d'Egypte, qui voulait s'allier avec lui, mais qui, en fin de compte, effrayé par le soudan de Damas ou craignant de se compromettre, ne conclut pas le traité. Il y était encore quand le prince musulman qui possédait Jérusalem lui offrit un sauf-conduit pour visiter comme pèlerin cette ville qu'il n'avait pu conquérir en soldat. La tentation était forte pour le pieux souverain. Mais les barons de Palestine lui représentèrent qu'il semblerait par cette démarche renoncer à revendiquer pour le monde chrétien le tombeau du Christ. On lui rappela l'exemple de Richard Cœur-de-Lion, qui, dans des circonstances analogues, n'avait même pas voulu jeter un regard sur Jérusalem et s'était écrié en pleurant : « Beau sire Dieu, je te prie de ne pas souffrir que je voie ta sainte cité, puisque je ne puis la délivrer des mains de tes ennemis. » Le roi de France céda, tout en soupirant. Il ne vit jamais la *sainte cité*.

Sa présence était, du reste, nécessaire sur d'autres points. L'armée de Damas, en revenant d'Egypte, avait porté la désolation jusque dans la banlieue de Saint-Jean-d'Acre. La ville de Sayette (l'ancienne Sidon) avait été horriblement saccagée par des bandes musulmanes venues d'un fort voisin (Bélinas). Deux mille de ses habitants avaient été massacrés. Saint Louis quitta donc Jaffa (le 29 juin 1253) et se dirigea vers Sayette. Il n'y mena pas d'abord toutes ses troupes. C'est à cet endroit que se place, dans le récit de Joinville, la pointe hardie, mais infructueuse, que le sénéchal de Champagne fit contre Bélinas, avec le connétable de France, le comte d'Eu et quelques autres seigneurs. Au retour,

« Nous trouvames, dit notre historien, que li roys ses cors avoit fait enfouir les crestiens que li Sarrazin avoient occis, aussi comme il est dessus dit ; et il meismes ses cors portoit les corps pourris et touz puans pour mettre en terre ès fosses, que jà ne se estoupast, et li autre se estoupoient... » (Ch. 11.)

Traduction. « Nous trouvâmes que le roi en personne avait fait enfouir les corps des chrétiens que les Sarrasins avaient occis, ainsi qu'il est dit plus haut ; et lui-même en personne portait les corps pourris et tout puants pour les mettre en terre dans les fosses, sans qu'il se bouchât les narines ; et les autres se les bouchaient... »

Plusieurs mois furent employés à relever les murailles de Sayette où le roi reçut, au dire de Joinville, diverses nouvelles, comme celle de la prise de Bagdad par les Tartares (1), et fut sollicité par l'Empereur de Trébizonde de lui donner une de ses parentes en mariage. Le programme que saint Louis s'était tracé était à peu près accompli. Il avait délivré tous les survivants de Mansourah et il avait mis les villes chrétiennes de Palestine et de Syrie en bon état de défense. Il fallait enfin songer au retour. Joinville, qui n'avait pu voir Jérusalem et qui ne voulait pas quitter l'Orient sans se sanctifier par un pèlerinage, obtint la permission d'aller à Notre-Dame de Tortose. Son maître l'avait chargé d'en rapporter cent pièces de *camelins* (ou de drap) dont il avait besoin. Ses

(1) La mémoire de Joinville est ici en défaut. Cet événement n'eut lieu qu'en 1258.

compagnons s'étonnant d'un tel achat, le sénéchal leur dit gaiement que peut-être voulait-il se faire marchand. Il nous raconte aussi qu'il eut l'idée d'envoyer à la reine quatre de ces pièces de camelins. Dès que la bonne princesse vit entrer le chevalier qui les portait, elle se jeta à genoux, les prenant pour des reliques. Le chevalier s'y jeta aussi. Tout s'expliqua bientôt, et la reine dit en riant qu'elle souhaitait le *maus jours* à Joinville *pour l'avoir fait agenouiller devant ses camelins.*

Quand le sénéchal rejoignit saint Louis, il le trouva tout en larmes. La reine Blanche, sa mère, était morte et le bon roi ne pouvait s'en consoler. La reine Marguerite pleurait aussi, ce qui surprit quelque peu notre historien ; car il n'ignorait pas qu'elle n'avait jamais eu lieu d'aimer beaucoup sa belle-mère. Blanche de Castille s'était toujours révoltée à la pensée qu'une autre partageait avec elle le cœur de son fils. Ce dernier avait dû longtemps se cacher pour causer librement avec sa femme, l'appelant, par exemple, sur un escalier et se sauvant comme un enfant quand il entendait venir sa mère.

« Une foiz estoit li roys decoste la royne sa femme, et estoit en trop grant peril de mort... Là vint la royne

Blanche, et prist son fil par la main et li dist : « Venés vous en, vous ne faites riens ici. » Quand la royne Marguerite vit que la mère emmenoit le roy, elle s escria : « Hélas ! vous ne me lairés veoir mon signour ne morte ne vive. » Et lors elle se pasma et cuida l'on qu'elle fust morte... » (Ch. 119.)

TRADUCTION. « Une fois, le roi était auprès de la reine sa femme, et elle était en très grand péril de mort... La reine Blanche vint là et prit son fils par la main et lui dit : « Venez-vous-en, vous ne faites rien ici. » Quand la reine Marguerite vit que la mère emmenait son fils, elle s'écria : « Hélas ! vous ne me laisserez voir mon seigneur ni morte ni vive. » Et alors elle se pâma, et l'on crut qu'elle était morte. »

Revenant aux affaires d'Orient, Joinville expose le départ du roi, qui, après avoir consulté les barons de Palestine, se juge enfin quitte de ses engagements et s'embarque pour la France le 25 avril 1254. Le navire qu'il monte emporte aussi le sénéchal, à qui les incidents de la traversée donneront des raisons nouvelles d'admirer son héros. Une nuit, près de Chypre, le vaisseau heurte un banc de sable et paraît sur le point de couler. Tout le monde crie, pleure, se désespère ; saint Louis ne fait que prier. Au jour, on constate que le bâtiment a perdu trois toises de sa quille. Les mariniers ne croient pas qu'il puisse tenir la mer et supplient le roi de monter sur un autre. Y resteriez-vous ? leur demande-t-il. Oui, répondent ces braves gens, pour sauver notre avoir et parce que notre vie est peu de chose ; mais la vôtre et celle de vos enfants est de plus de prix.

« Lors dist li roys : « Signour, j'ay oy vostre avis et l'avis de ma gent ; or vous redirai-je le mien, qui est tex, que se je descent de la nef, que il a céans tiex cinc cens persones et plus, qui demorront en l'ille de Cypre pour la poour dou peril de lour cors ; car il n'i a celi qui autant n'aime sa vie comme je fais la mienne, et qui jamais par avanture en lour païz ne rentreront ; dont j'aim miex mon cors et ma femme et mes enfans mettre en la main de Dieu, que je feisse tel doumaige à si grant peuple comme il a céans... » (Ch. 123.)

Traduction. « Le roi dit alors : « Seigneurs, j'ai ouï votre avis et l'avis de mes gens ; or, je vous dirai à mon tour le mien, qui est tel, que si je descends du vaisseau, il y a céans cinq cents personnes et plus qui demeureront dans l'île de Chypre, par peur du péril de leur corps (car il n'y en a pas un qui n'aime autant sa vie que je fais la mienne) et qui jamais, par aventure, ne rentreront dans leur pays. C'est pourquoi j'aime mieux mettre en la main de Dieu ma personne, et ma femme et mes enfants, que de causer tel dommage à un aussi grand nombre de gens qu'il y a céans... »

Tant bien que mal, le vaisseau fut réparé. Mais il dut encore subir une effroyable tempête pendant laquelle le roi, couché sur le pont, les bras en croix devant le crucifix, n'eut de souci que pour son salut. Un peu plus tard, le feu prit à la cabine de la reine. Mais on en fut quitte pour la peur et, sauf quelques menus incidents, le voyage put s'achever assez heureusement. En juillet, après dix semaines de traversée, on se trouva devant Hyères en Provence. Le roi ne voulait pas y descendre, parce que ce n'était pas sa terre (1). Il désirait débarquer chez lui, c'est-à-dire à Aigues-Mortes. Mais Joinville, qui avait hâte de quitter la mer, fit si bien qu'il changea d'avis.

Après avoir pieusement écouté un moine fort populaire, qui lui remontra non sans énergie ses devoirs envers ses sujets, saint Louis gagna Beaucaire. C'est là que le sénéchal, impatient de revoir la Champagne, se sépara de lui.

A cet endroit du livre cessent, à proprement parler, les mémoires de Joinville. Les quinze derniers chapitres de l'ouvrage (qui en contient cent quarante-neuf) sont presque entièrement consacrés, comme les premiers, à louer les vertus du roi, sa dévotion, ses scrupules et sa bonne administration. Nous ne nous arrêterons pas à ces redites, au milieu

(1) Hyères faisait partie du comté de Provence, qui ne dépendait pas à cette époque du royaume de France.

desquelles se trouvent çà et là quelques anecdotes curieuses, comme celle du bourgeois de Paris que le roi fit marquer d'un fer rouge au nez et aux lèvres pour quelque juron malsonnant. Nous devons aussi passer rapidement sur les pages dans lesquelles l'auteur mentionne les mesures prises par saint Louis pour assurer à ses sujets bonne et prompte justice, et en particulier pour réformer la prévôté de Paris. C'est, comme on le verra plus loin, la portion la moins originale de son *Histoire*. Rien de saillant non plus dans les deux chapitres qui suivent et où il énumère ses fondations religieuses et ses libéralités envers diverses communautés.

Joinville redevient lui-même et recommence à écrire avec son cœur quand, parvenu au terme de sa tâche, il lui faut raconter la mort de son illustre ami. Quarante ans sont passés et il ne s'en peut encore consoler. Aussi croit-il devoir rapporter tout au long, pour l'édification de la postérité, ces *Enseignements* que Louis IX rédigea sur son lit de mort pour son successeur et où éclatent à chaque ligne la droiture de l'homme, le bon sens du roi, la foi exaltée du chrétien. Il ne quitte enfin le lecteur qu'après l'avoir fait assister à la canonisation de son héros. Il veut qu'après l'avoir suivi dans ses épreuves terrestres, nous soyons témoins de son triomphe céleste. Quant à lui, la seule récompense qu'il souhaite pour avoir écrit l'histoire du saint, c'est d'avoir de ses reliques et de rendre ainsi plus sacré l'autel qu'il lui a dressé dans sa chapelle de Joinville.

CHAPITRE X

JOINVILLE (*suite*). — SON AUTORITÉ HISTORIQUE.

Pour apprécier sainement l'autorité historique de Joinville, il faut tout d'abord distinguer dans son œuvre ce qui lui appartient en propre de ce qu'il a simplement emprunté à d'autres. Il nous dit bien quelque part qu'il n'y a rien mis *dont il ne soit certain*. Mais il y a deux certitudes : celle des gens qui ont *vu* et celle des gens qui ont ouï-dire ou qui ont lu. Certes, le bon sénéchal n'a rien inventé; il nous l'affirme sur l'honneur, et nous n'avons aucune raison pour douter de sa parole. Mais il convient lui-même que tout ce qu'il rapporte ne s'est point passé sous ses yeux ou dans son voisinage. Certains des faits qu'il raconte lui ont été fournis, dit-il, par un *romant*, c'est-à-dire par un ouvrage en langue vulgaire, où il a puisé de confiance et dont il a reproduit textuellement d'assez longs passages. Il a eu à sa disposition un manuscrit, les *Grandes chroniques de France*, renfermant la Vie de saint Louis par Guillaume de

Nangis. L'histoire du même prince par son confesseur Geoffroy de Beaulieu ne lui était pas non plus inconnue. Aussi plusieurs chapitres de ces deux livres se retrouvent-ils dans le sien presque sans modifications. Ce n'est pas, par exemple, de ses souvenirs personnels que Joinville a tiré les pages de ses mémoires où il mentionne la sévérité de son héros à l'égard des blasphèmes et des jurons, ses scrupules dans la collation des bénéfices ecclésiastiques, ses réformes administratives, ses principaux traits de charité, ses fondations pieuses, sa sollicitude et sa munificence pour les communautés religieuses. Toute cette partie de son œuvre (chap. 138 à 144) est évidemment empruntée. Le texte des *Enseignements de saint Louis* à son fils, qu'il donne tout au long au chapitre 145, a dû lui être fourni par les archives de Saint-Denis. Il n'y a pas lieu de douter non plus que le commencement de son livre, consacré, comme on l'a vu, aux vertus privées du roi, ne lui ait été inspiré par ses lectures au moins autant que par ses propres réminiscences d'amitié. Ajoutons que son récit, très sommaire, des premières années du règne n'est pas d'un témoin oculaire (sauf pour ce qui concerne les fêtes de Saumur, auxquelles il avait assisté en 1241). Rappelons enfin que, s'il retrace en détail les derniers moments de son maître, c'est simplement pour se les être fait conter, comme il nous l'apprend, par le comte Pierre d'Alençon.

Nous n'avons pas à discuter ici la valeur historique des témoignages utilisés par Joinville dans les passages en question. Ce qui pour nous n'est guère contestable, c'est qu'il les croyait exacts ; c'est aussi qu'ils n'ont pas été sérieusement contredits dans leur ensemble et qu'ils paraissent porter la marque de la vérité.

Ce qui est l'œuvre propre de Joinville, ce qui permet de le juger comme historien, c'est le milieu de son livre, c'est le tableau de ses six années de croisade, le récit de ce qu'il a fait, de ce qu'il a vu, de ce qu'il a pu apprendre de la bouche même du roi. Il n'a donné la pleine mesure de ses qualités et de ses défauts que dans cette partie de sa Chronique, qui est à tous égards la plus importante et de beaucoup.

Ce qui éclate à chaque ligne, hâtons-nous de le dire, c'est son absolue sincérité. Nous n'avons pas à faire à son égard les mêmes réserves qu'au sujet de Villehardouin. Joinville n'est pas un diplomate, comme son devancier. Il n'a pas de secrets ; s'il en avait, il ne les saurait garder. Il ne faut pas, quand on tient son livre, chercher à lire entre les lignes ; on n'y trouverait rien. Le sénéchal n'a point de *pensées*

de derrière la tête. Tout ce qui lui vient à l'esprit tout ce qu'il a sur le cœur, il nous le dit sans feinte et sans honte, comme un homme dont la conscience est en repos et qui n'a rien à se reprocher (rien de grave, s'entend, car pour des peccadilles, je n'en jurerais pas).

Notre auteur a maintes fois affirmé sa sincérité. Ce ne serait pas une raison pour y croire toujours. Mais, outre qu'aucun fait, aucun témoignage ne permet de la suspecter, il y a une chose qui, à mes yeux, la met hors de conteste : c'est l'ingénuité presque plaisante avec laquelle il nous révèle ses imperfections et ses faiblesses. Dans ce récit de guerre, où certes il lui serait permis de se faire valoir, Joinville ne prend pas devant nous la pose d'un héros. Ni fanfaron ni lâche, il convient franchement qu'il a souvent eu peur. C'est un aveu que les batailleurs féodaux n'aimaient pas à faire. Comme il ne lui est point arrivé de fuir, ce vrai brave ne croit point se déshonorer en nous apprenant qu'il lui est arrivé de trembler. Ce n'est pas sans terreur, nous dit-il, qu'embarqué pour l'Orient, il s'est trouvé sumer, entre le ciel et l'eau. Plus tard, devant Mansourah, quand on lui lance le feu grégeois, il se jette *à coudes et à genoux* pour faire sa prière et se croit bien à sa dernière heure. Un soir, les Sarrasins brûlèrent nos *chats-châteaux* (1) à la garde desquels le comte d'Anjou venait de le remplacer. Ce prince en fut exaspéré.

« Se il en fu couroucièz, écrit naïvement Joinville, je et mi chevalier en loames Dieu ; car, se nous eussiens guietié le soir, nous eussiens estei tuit ars... » (Ch. 44.)

TRADUCTION. — « S'il en fut courroucé, moi et mes chevaliers nous en louâmes Dieu ; car si nous eussions fait le guet le soir, nous eussions été tous brûlés... »

Capturé sur le Nil par une bande de forcenés qui firent d'abord mine de le tuer, il eut une frayeur assez explicable. On le mena devant les chefs de la flotte sarrasine.

« Et lors, nous dit-il avec une simplicité charmante, pour la poour (la peur) que je avoie, je commençai à trembler bien fort, et pour la maladie aussi... » (Ch. 64.)

Mais il ne fut jamais si épouvanté que le jour où les mamelucks, après avoir égorgé leur sultan, se ruèrent sur les barons chrétiens prisonniers, comme pour les massacrer jusqu'au dernier.

« ... Il y avoit tout plein de gens qui se confessoient à un frère de la Trinitei, qui avoit nom Jehan et estoit

(1) V. plus haut, p. 169.

au conte Guillaume de Flandres. Mais endroit de moy ne me souvint onques de pechié que je eusse fait ; ainçois m'apensai que, quant plus me deffenderoie et plus me ganchiroie, et pis me vauroit. Et lors me seignai et m'agenoillay aus piés de l'un d'aus, qui tenoit une hache danoise à charpentier, et dis : « Ainsi mourut sainte Agnès. » Messires Guis d'Ibelin, connestable de Chypre, s'agenoilla encoste de moy et se confessa à moy, et je li dis : « Je vous asol de tel pooir que Diex m'a donnei. » Mais quant je me levai d'ilec, il ne me souvint onques de chose que il m'eust dite ne racontée... » (Ch. 70.)

Traduction. « Il y avait tout plein de gens qui se confessaient à un frère de la Trinité, qui se nommait Jean et était au comte Guillaume de Flandre. Mais à mon endroit il ne me souvint pas de péché que j'eusse fait ; mais je réfléchis que, plus je voudrais me défendre ou m'esquiver, et pis cela me vaudrait. Et alors je me signai et m'agenouillai aux pieds de l'un d'eux, qui tenait une hache danoise à charpentier, et je dis : « Ainsi mourut sainte Agnès. » Messire Gui d'Ibelin, connétable de Chypre, s'agenouilla près de moi et se confessa à moi ; et je lui dis : « Je vous absous, avec tel pouvoir que Dieu m'a donné. » Mais quand je me levai de là, il ne me souvint plus de chose qu'il m'eût dite ou racontée. »

Après ces citations, il n'y a pas lieu, je crois, d'insister pour démontrer la bonne foi, je dirais la candeur avec laquelle le sénéchal de Champagne a rédigé ses souvenirs de guerre. Mais si sa sincérité est au-dessus de tout soupçon, pouvons-nous en dire autant de son exactitude et de sa sagacité ?

Joinville avait certainement une excellente mémoire. Le grand nombre de faits et de noms qui lui reviennent à l'esprit, après plus de cinquante ans écoulés, et la précision de certaines de ses anecdotes, en sont la preuve manifeste. Mais il était impossible qu'à quatre-vingts ans il pût retracer, sans rien omettre et sans rien confondre, des événements vieux d'un demi-siècle. Il lui est donc arrivé — moins souvent qu'on ne pouvait le craindre, mais enfin quelquefois — de passer sous silence des faits de quelque importance, d'intervertir ou de confondre diverses époques, de mettre un peu de désordre dans certaines descriptions ou certains récits.

Sans éplucher en détail toute sa Chronique, disons tout d'abord qu'il ne semble pas avoir conservé un souvenir bien net des circonstances qui amenèrent l'entrée des croisés à Damiette. Il semble, d'après son récit, que leur débarquement ne fut point contrarié par la flotte du soudan, que les troupes de ce dernier prirent la fuite presque sans résister et, le jour même, évacuèrent la ville. Il résulte au contraire des documents contemporains les plus dignes de foi (1) que les chrétiens ne prirent terre qu'après

(1) Pour contrôler Joinville sur ce point et sur beaucoup d'autres, indiqués plus loin, on peut consulter, en dehors des ouvrages déjà cités, les *Gestes de saint Louis*, par Guillaume de Nangis ; la grande

un violent combat naval, que les Sarrasins tinrent bon deux jours sur la plage et que saint Louis n'entra dans Damiette que le troisième.

En ce qui concerne la marche des Français sur Mansourah et surtout la grande bataille du 8 février 1250, on peut reprocher à Joinville d'avoir quelque peu brouillé les faits et de n'avoir pas retracé avec une clarté suffisante les mouvements de l'armée. Un peu plus loin, il donne à entendre qu'il y eut un intervalle entre le moment où les croisés repassèrent le canal d'Aschmoun et celui où ils commencèrent leur retraite vers Damiette.

Il paraît établi qu'il n'y en eut pas. Notre auteur, d'autre part, ne semble point mettre à leur place les négociations que saint Louis ouvrit avec le soudan avant la catastrophe qui lui coûta la liberté. C'est, selon lui, après avoir repassé le canal qu'il offrit à Touran-Schah de traiter. Mais il est évident que ce dernier ne pouvait accepter d'ouvertures que d'un ennemi encore menaçant, et non d'un ennemi aux

chronique de Saint-Denis ; la chronique latine de Mathieu Paris ; la *Lettre de Jean-Pierre Sarrasin* sur la première croisade de saint Louis, et les ouvrages des historiens arabes Makrizi, Gémal-Eddin, Aboul-Mahassen, Aboulféda, etc. (analysés ou donnés en extraits par Reinaud dans le 4e vol. de la *Bibliothèque des croisades* et par Michaud et Poujoulat dans le t. I de leur *Collection* de mémoires. — Pour le texe complet, V. la grande collection des *Historiens des croisades*.

abois et déjà en retraite. Du reste, le vieux sénéchal se trompe également quand il attribue l'échec des pourparlers au refus de saint Louis de se remettre en otage à son adversaire. La vérité, c'est que le Soudan, sachant fort bien l'état critique où se trouvaient les Français, repoussa formellement les propositions du roi, qui offrait de rendre Damiette, mais demandait Jérusalem en échange.

On peut admettre aussi que la mémoire fait légèrement défaut à notre auteur, quand il rapporte les serments échangés par les mamelucks et saint Louis lors de sa délivrance et la résistance opposée par le roi à la formule qu'on prétendait lui dicter. Selon lui, ce prince voulait bien jurer que s'il ne tenait ses *convenances*, il serait *aussi honni que le chrétien qui renie Dieu et sa mère, privé de la société de ses douze compagnons, de tous les saints et de toutes les saintes;* mais il refusait absolument de déclarer qu'il serait *aussi honni que le chrétien qui renie Dieu et sa loi et qui, en dépit de Dieu, crache sur la croix et marche dessus...* On ne voit pas très bien pourquoi saint Louis, qui était fort résolu à tenir sa parole, aurait accepté le premier texte et repoussé le second. On voulait probablement lui faire dire qu'en cas de parjure il *renierait, cracherait sur la croix,* etc.

Ailleurs (chap. 82-84), Joinville est manifestement inexact quand il raconte qu'à Saint-Jean-d'Acre il fut à peu près seul à conseiller au roi de demeurer en Palestine. Nous devons croire, puisqu'il le dit, qu'il le poussa de toutes ses forces à prendre ce parti. Il est bien probable que d'autres l'en dissuadèrent. Mais il est certain que Louis IX demeura en Orient parce que la *majorité de ses barons* l'y engagea formellement. Le fait est attesté par son chambellan, Sarrazin, qui écrivait fort peu de temps après cette scène, et, ce qui vaut mieux, par le roi lui-même, qui, dans une lettre du mois d'août 1250, s'exprimait en ces termes :

« ... *Le plus grand nombre* jugea que si dans ce moment nous abandonnions ce pays... ce serait l'exposer entièrement aux Sarrasins... Si au contraire nous restions, nous avions l'espoir que le temps amènerait quelque chose de bon... (1). »

Je ne citerai que pour mémoire la confusion évidente que fait sans le vouloir le vieux sénéchal entre les faits de guerre dont la Syrie fut le théâtre de 1250 à 1252 (2) et l'erreur dans laquelle il tombe quand il prétend avoir appris en 1253 (avec beau-

(1) V. cette lettre dans Michaud et Poujoulat, *Collection de mémoires*, t. I, 346-349.

(2) Il s'agit de la lutte des deux sultans d'Egypte et de Damas.

coup de détails qu'il rapporte) la prise de Bagdad par les Tartares. Cet événement, on le sait fort bien, n'eut lieu qu'en 1258.

On voit par ces quelques exemples que vers 1309, époque où il écrivait son livre, les souvenirs du bon Joinville commençaient, sur quelques points, à s'effacer ou à s'obscurcir. On ne saurait assurément lui en faire un crime. Lui reprocherons-nous, d'autre part, la tranquille ignorance et la crédulité robuste dont témoignent maints passages de sa Chronique? Non sans doute, car peut-être ce conteur si charmant l'eût-il été beaucoup moins s'il avait eu plus de science. Mais il faut bien constater que le brave sénéchal ne contrôlait guère ses informations et n'avait pas grand souci de démêler le réel d'avec le fabuleux.

Notre historien admet en effet sans opposition que le Nil (qu'il décrit fort longuement) descend du paradis terrestre; qu'il en apporte le gingembre, la rhubarbe, l'aloès et la cannelle; et que ses sources, inaccessibles, sont gardées *par diverses bêtes sauvages, lions, serpents et oliphants*. Il conte, à propos des Tartares (chap. 93-94), des histoires merveilleuses et tout à fait dignes des *Mille et une nuits*, des missions célestes données à un jeune conquérant de cette nation qui, moyennant le baptême, peut, avec trois cents hommes, détruire la puissance de l'*empereour* de Perse.

S'il croit facilement ce qu'il ne voit pas, il s'émerveille aisément devant ce qu'il voit. Il se rappelle encore avec ravissement quatre Arméniens qui faisaient le saut périlleux sur un tapis et qui sonnaient du cor si bien qu'on eût dit *les voix des Cygnes qui se portent de l'estang*. Il se souvient aussi d'avoir vu en Syrie une pierre portant des empreintes fossiles, et il n'est pas encore revenu de son extase.

« Tandis que li roys estoit à Sayette, li apporta l'on une pierre qui se levoit par escales, la plus merveillouse dou monde ; car quant l'on levoit une escale, l'on trouvoit entre les dous pierres la forme d'un poisson de mer. De pierre estoit li poissons ; mais il ne failloit riens en sa fourme, ne yex, ne areste, ne colour, ne autre chose que il ne fust autretex comme s'il fust vis. Li rois me donna une pierre et trouvai une tanche dedans, de brune colour et de tel façon comme tanche doit estre... » (Ch. 118.)

Traduction. — « Tandis que le roi était à Sayette, on lui apporta une pierre qui se levait par écailles, la plus merveilleuse du monde ; car quand on levait une écaille, on trouvait entre les deux pierres la forme d'un poisson de mer. Le poisson était de pierre, mais il ne manquait rien à sa forme, ni yeux, ni arêtes, ni couleur, ni autre chose qui empêchât qu'il ne fût tel que s'il fût vivant. Le roi me donna une pierre et je trouvai une tanche dedans, de couleur brune et de telle façon qu'une tanche doit être... »

On voit que Joinville ne se piquait pas d'être savant. On l'était guère de son temps dans la société féodale. On aimait mieux croire au surnaturel que de demander à la nature ses secrets. On expliquait d'ordinaire par un miracle l'étrange ou l'imprévu. Possible ou impossible, on demandait tout à la Providence et l'on avait en elle une foi si vive qu'on ne pouvait admettre qu'elle restât jamais insensible à l'appel. Joinville était de son siècle. Dans les périls, dans les hasards, il invoquait sans cesse le ciel, il était convaincu que ses prières seraient exaucées, et l'intervention divine, suscitée à propos, était à ses yeux la raison d'être de tout événement de quelque importance. Quand le pourquoi des choses est si facile à trouver, l'historien ne se met pas en frais de recherches ni de raisonnements.

Aussi ne devons-nous pas être surpris des récits miraculeux qui se multiplient sous la plume du bon sénéchal. Pour lui, par exemple, il n'est pas étonnant que les deux croisades de saint Louis aient mal fini. Ce double malheur était évidemment annoncé par les croix noires portées aux processions de la Saint-Marc, jour natal de son héros. Si le pieux roi mourut devant Tunis sans avoir accompli sa dernière entreprise, il en devait être ainsi : Joinville l'avait vu en songe agenouillé devant plusieurs prélats qui le couvraient d'une chasuble de serge rouge; cela signifiait que le roi se croiserait et que mal lui en prendrait :

« Car la chasuble de sarge vermeille senefioit la croix, laquex fu vermeille dou sanc que Diex y espandi de son costei et de ses mains et de ses piez... » (Ch. 144.)

TRADUCTION. « Car la chasuble de serge vermeille signifiait la croix, qui fut vermeille du sang que Dieu y répandit de son côté et de ses mains et de ses pieds... »

Notre auteur avait un culte spécial pour *Monseigneur saint Jacques,* qu'il appelait dans les circonstances critiques et auquel il attribuait d'avoir maintes fois préservé sa vie. Mais il avait, comme ses contemporains, une dévotion plus particulière encore pour la Vierge, dont l'intervention avait été, à son sens, manifeste dans une foule de circonstances à lui connues. On l'avait vue à Cluny, pendant que dormait l'abbé de Cheminon, son ami, couvrir la poitrine de ce pieux personnage, pour qu'il ne prît pas froid. Il était reconnu, d'autre part, que Notre-Dame de Tortose avait quitté son sanctuaire pour aller en Egypte réconforter le roi de France et le tirer de captivité. Il n'était pas douteux que la mère de Dieu pouvait guider les navires et abréger pour eux les longues anxiétés de la traversée Allant à Chypre,

Joinville se trouva, nous dit-il, arrêté devant une île, sans pouvoir avancer ni reculer.

« Lors nous doit un preudom prestres que on appeloit doyen de Malrut, car il n'ot onques persecucion en paroisse, ne par defaut d'yaue, ne de trop pluie, ne d'autre persecucion, que aussi tost comme il avoit fait trois processions par trois samedis, que Diex et sa mère ne le delivrassent. Samedis estoit ; nous feismes la premiere procession entour les dous maz de la nef ; je meismes m'i fiz porter par les braz, pour ce que je estoie bien malades. Onques puis nous ne veismes la montagne, et venimes en Cypre le tiers samedi... » (Ch. 28.)

TRADUCTION. « Alors un prêtre prud'homme, qu'on appelait le doyen de Maurupt, nous dit qu'il n'eut jamais à souffrir en sa paroisse ni par défaut d'eau ni par trop de pluie, ni de tout autre fléau sans que, aussitôt qu'il avait fait trois processions, trois samedis, Dieu et sa mère le délivrassent. C'était samedi ; nous fîmes la première procession autour des deux mâts du vaisseau ; moi-même je m'y fis porter à bras, parce que j'étais grièvement malade. Jamais depuis nous ne vîmes la montagne, et nous vînmes en Chypre le troisième samedi. »

Un peu plus tard, saint Louis attendait impatiemment à Damiette son frère le comte de Poitiers, qui tardait à venir. Le sénéchal conseilla de faire les trois processions, et avant le troisième samedi l'on vit arriver le prince.

Une autre fois (c'était pendant son retour en

France), un de ses compagnons tomba dans la mer et, si l'on put l'en retirer, ce fut uniquement, au dire de Joinville, par la protection de la Vierge, car il ne nageait pas et ne s'aidait nullement.

« Je li demandai comment ce estoit qu'il ne metoit conseil en li garantir, ne par noer ne par autre maniere. Il me respondi que il n'estoit nul mestier ne besoing que il meist conseil en li; car sitost comme il commença à cheoir, il se commenda à Notre Dame de Vauvert, et elle le soustint par les espaules dès que il chéi, jusques à tant que la galie le roy le requeilli. En l'onnour de ce miracle, je l'ai fait peindre à Joinville en ma chapelle, et ès verrieres de Blehecourt... » (Ch. 129.)

TRADUCTION. « Je lui demandai comment il se faisait qu'il n'y mettait pas de résolution pour se sauver, ni en nageant ni d'autre manière. Il me répondit qu'il n'était nulle nécessité, ni besoin qu'il y mît de la résolution ; car sitôt qu'il commença à tomber, il se recommanda à Notre-Dame de Vauvert, et elle le soutint par les épaules jusques à tant que la galère du roi le recueillît. En l'honneur de ce miracle, je l'ai fait peindre à Joinville en ma chapelle, et sur les verrières de Blécourt... »

C'est pendant le même voyage que, une tempête violente ayant éclaté, le sénéchal conseilla à la reine, qui commençait à désespérer, de promettre à *Monseigneur saint Nicolas de Varangéville* (en Lorraine) un pèlerinage, ou le don d'un vaisseau d'argent de cinq marcs. Elle prit ce dernier parti ; tout aussitôt le vent tomba et le péril disparut.

Ces anecdotes prouvent évidemment que Joinville était un fervent chrétien, tout à fait digne de l'amitié que lui témoignait son mystique souverain. Il ne faut pas chercher en lui, elles le démontrent aussi, un de ces historiens raisonneurs qui s'en tiennent aux faits et ne leur attribuent jamais que des causes naturelles. Tel qu'il est, avec sa foi naïve et passionnée, sa verve primesautière, son franc-parler, sa pointe de malice, il représente à merveille un monde où la religion tenait lieu de science et gardait la première place, sans exclure cependant (on le verra bientôt) tout sens pratique et toute indépendance de caractère.

CHAPITRE XI

JOINVILLE (*suite*). — SON CARACTÈRE ET SES IDÉES.

Joinville ne s'est point idéalisé dans ses mémoires. Nous ne l'en aimons que davantage. Il ne tenait qu'à lui de se tailler dans l'histoire une statue d'un seul bloc et de se camper solennellement dans l'immuable posture d'un héros. Il a mieux aimé se présenter à nous dans son aimable et complexe humanité, sans fausse modestie, mais aussi sans pose et sans orgueil. S'il a tourné souvent ses regards vers le ciel, il ne veut pas nous laisser ignorer qu'il ne les a pas toujours détachés de la terre. S'il a profondément admiré saint Louis, il ne s'est pas donné pour tâche de l'imiter en tout. S'il s'est toujours efforcé d'être un *prud'homme*, comme disait le bon roi, c'est-à-dire un honnête homme et un homme de cœur, il n'a jamais, à ce qu'il semble, aspiré pour lui-même aux honneurs de la canonisation.

Il y avait à la fois dans Joinville le zèle fervent d'un chrétien et l'insouciant laisser-aller d'un épicurien, l'entraînement chevaleresque d'un paladin et le sens rassis d'un bourgeois, un loyalisme monarchique à toute épreuve et une liberté toute féodale vis-à-vis de son roi. Ce sont ces contrastes, naïvement représentés par l'auteur, qui font à nos yeux sa physionomie si originale, si vivante et si sympathique.

On ne peut douter, après avoir lu le chapitre qui précède, que le sénéchal de Champagne ne fût un bon catholique, croyant et pratiquant. Sa foi était aussi robuste qu'exclusive. Il n'avait pas besoin que son royal ami lui conseillât sans relâche, comme il aimait à le faire, de la conserver pure et de ne point raisonner sur les mystères. Saint Louis lui demandait un jour comment il savait que son père s'appelait Simon :

« Et je li dis que je en cuidoie estre certeins et le créoie fermement, pour ce que ma mère me l'avoit tesmoingnié. Lors il me dist : « Donc devez-vous croire fermement tous les articles de la foy, lesquiex li apostre tesmoingnent, aussi comme vous oez chanter au dimanche en le *Credo*... » (Ch. 8.)

Traduction. « Et je lui dis que je pensais en être certain et le croyais fermement parce que ma mère m'en était témoin. Alors il me dit : « Donc vous devez croire fermement tous les articles de la foi, dont les apôtres témoignent, ainsi que vous l'entendez chanter le dimanche au *Credo*... »

Cet argument lui paraissait sans réplique. On n'a guère de peine à croire, du reste, que Joinville n'était pas grand clerc. Il pensait évidemment avec son maître que les hérétiques étaient bons à exterminer et que la seule réponse à faire à un Juif médisant de la foi était de lui donner de l'épée dans le ventre. Les renégats lui faisaient horreur, comme à son roi, qui en vit un à Damiette et le chassa de sa présence. Prisonnier des mamelucks, il crut devoir les mettre en garde contre ces misérables.

« Et li amiraus, dit-il, me fist response tel, que il s'acordoit à moy ; que Salehadins disoit que on ne vit onques de mauvais Crestien bon Sarrazin, ne de mauvais Sarrazin bon Crestiens... » (Ch. 65.)

TRADUCTION. « L'amiral me fit cette réponse, c'est qu'il était d'accord avec moi ; car Saladin disait qu'on ne vit jamais devenir de mauvais chrétien bon Sarrasin, ni de mauvais Sarrasin bon chrétien. »

Les blasphémateurs et les jureurs ne lui paraissaient guère plus estimables que les apostats. Je ne sais s'il les eût fait, comme saint Louis, marquer d'un fer rouge. Mais il trouve fort bon que ce prince en ait fait exposer un, à Césarée, *en braies et en chemise, les boyaux et la fressure d'un porc autour du cou, en si grande foison qu'elles lui venaient jusqu'au nez.* Il nous assure que pour sa part il ne souffre pas qu'on jure chez lui par le diable et que ceux qui se le permettent sont aussitôt punis d'un bon soufflet. Il a encore sur le cœur, depuis un demi-siècle, l'impiété de six de ses chevaliers qui, devant Mansourah, troublaient de leurs plaisanteries l'office funèbre d'un homme d'armes.

« Je lour alai dire que il se teussent, et lour dis que vileine chose estoit de chevaliers et de gentiz hommes qui parloient tandis que l'on chantoit la messe. Et il me commencièrent à rire, et me distrent en riant que il li remarioient sa femme. Et je les enchoisonnai et lour dis que tiex paroles n'estoient ne bonnes ne beles et que tost avoient oublié lour compaignon. Et Diex en fist tel vengance que l'endemain fu la grande bataille dou quaresme prenant, dont il furent mort ou navrei à mort, par quoy il convint lour femmes remarier toutes six... » (Ch. 59.)

TRADUCTION. « Je leur allai dire qu'ils se tussent et leur dis que c'était vilaine chose que des chevaliers et des gentilshommes qui parlaient tandis que l'on chantait la messe. Et ils commencèrent à rire et me dirent en riant qu'ils lui remarieraient sa femme. Et je les réprimandai et leur dis que de telles paroles n'étaient ni bonnes ni belles, et qu'ils avaient bientôt oublié leur compagnon. Et Dieu en tira telle vengeance que le lendemain fut la grande bataille du mardi-gras, où ils furent tués ou blessés à mort ; c'est pourquoi leurs femmes durent se remarier toutes six... »

On voit que le sénéchal n'entendait pas raillerie sur les cérémonies du culte. Il observait lui-même rigoureusement les prescriptions canoniques. Le jour où il fut pris par les Sarrasins et où il faillit être égorgé, il avait l'esprit si troublé qu'il mangea de la viande, quoiqu'il fût vendredi. Mais il en fit par la suite si dure et si longue pénitence que le légat du pape crut lui-même devoir l'en réprimander. Il était fort dévot aux pèlerinages. Il y allait parfois pieds nus et n'épargnait pas les dons aux monastères et aux églises.

Ajoutons que sa religion n'était point seulement extérieure. Joinville pratiquait autant que possible les vertus chrétiennes. Avant de partir pour la croisade, il réunit ses vassaux et leur dit que, s'il avait fait tort à quelques-uns d'entre eux, il était prêt à leur donner réparation. Il était fort charitable aux pauvres gens ; l'aumône, pour lui, était un moyen *d'éteindre le péché*. En Orient, il recueillit sans hésitation l'enfant d'un chevalier ruiné et il l'eût gardé, si le comte d'Eu ne le lui eût généreusement enlevé.

La libéralité n'était pas chose rare parmi les seigneurs du XIIIe siècle, qui avaient apparemment beaucoup de péchés à éteindre. Le comte de Poitiers et le comte d'Anjou distribuaient l'or et les bijoux à pleines mains et empruntaient parfois pour pouvoir donner. Mais ces prodigues ne brillaient pas en général par une grande pureté de mœurs. La corruption et la débauche étaient, au dire de Joinville, effroyables au camp de Damiette. A Saint-Jean-d'Acre, les scandales étaient fréquents. Jusqu'à quel point le bon sénéchal se préserva-t-il de la contagion? Nous ne savons au juste. Mais l'indignation qu'il exprime au sujet de ces désordres et les détails qu'il donne sur sa vie privée permettent d'affirmer qu'il sut éviter tout excès.

Le point d'honneur et l'intrépidité étaient qualités plus répandues encore que la magnificence dans la société féodale. Pour des croisés, du reste, c'étaient vertus vraiment religieuses et commandées par Dieu. Joinville les admirait chez les autres et les pratiquait pour sa part de son mieux. Il nous conte avec émotion l'héroïsme de ce comte de Jaffa qui, prisonnier des Sarrasins, fut conduit par eux devant sa ville assiégée, pour inviter ses sujets à se rendre, et qui, au milieu des tourments, criait aux défenseurs de la place de tenir bon. En eût-il fait autant? Je n'en doute point pour ma part. Qu'on se rappelle le noble entêtement avec lequel il avait presque seul gardé contre une armée le petit pont de Mansourah. L'esprit chevaleresque ne manquait certes pas au sénéchal quand, au retour de Damiette, ruiné, blessé, malade et découragé, il refusait de rentrer en France et demandait à souffrir encore pour l'accomplissement de son vœu. Le légat lui offrait de l'emmener. Mais il le remercia sans hésiter.

Et ceste response ne li fis-je pas pour ce que je ne fusse mout voulentiers alez avec li, mais que pour une parole que messires de Boulaincourt, mes cousins germains, me dist, quant je m'en alai outre mer : « Vous en alez outre mer, fist-il, or vous prenés garde au revenir : car nulz chevaliers, ne povres ne riches, ne puet revenir que il ne soit honniz se il laisse en la main des Sarrazins le peuple menu Nostre Signour, en laquel compaignie il est alez. » (Ch. 82.)

Traduction. « Et si je lui fis cette réponse, ce n'était pas que je ne fusse très volontiers allé avec lui, sans une parole que monseigneur de Boulaincourt, mon cousin germain, me dit quand je m'en allai outre mer : « Vous vous en allez outre mer, fit-il ; or prenez garde au retour ; car nul chevalier, ni pauvre ni riche, ne peut revenir qu'il ne soit honni, s'il laisse aux mains des Sarrasins le menu peuple de Notre-Seigneur, en compagnie duquel il est allé. »

Joinville fut donc sans conteste, on le voit par tout ce qui précède, irréprochable comme gentilhomme aussi bien que comme chrétien. Mais il n'avait point pour cela l'étoffe d'un mystique, non plus que celle d'un chevalier errant. Se macérer et se dévouer sans utilité (immédiate du moins), c'était au-dessus de ses forces. Le bon sénéchal voulait bien être saint et héros par moments. L'être à toute heure du jour, comme son roi, c'était trop de perfection. Il avouait ingénument ne pouvoir s'élever jusque-là et n'en avoir même pas forte envie.

Certes sa religion était sincère et sa vertu de bon aloi. Mais il en eût eu moins, croyons-nous, s'il n'en eût espéré bonne récompense, même en ce monde. *Ils seraient fous*, dit-il, *ceux qui serviraient Dieu, si nous ne pensions qu'il eût pouvoir d'allonger notre vie et de nous garder de mal et d'accident; aussi devons-nous croire qu'il a pouvoir de faire toute chose.* (Ch. 51.) S'il s'est croisé, c'est surtout dans l'espoir de faire son salut, cela n'est pas douteux; mais c'est aussi un peu pour *gaaigner*, comme on disait, et s'il s'est mis en frais pour équiper une grosse troupe, c'était dans la pensée d'avoir une grosse part de butin. Comme il n'est pas rentré dans ses déboursés et comme, d'autre part, il a fait son devoir et plus que son devoir, il juge qu'il a peiné assez pour la Terre-Sainte. Il n'ira plus *outre mer*, et quand saint Louis voudra l'y emmener une seconde fois, il lui répondra fort sagement qu'il a trop de bien à faire dans ses domaines pour s'en aller si loin.

S'il est revenu de tout entraînement pour les croisades, il n'a jamais eu à se guérir d'aucun penchant au martyre. Il mourrait bravement pour sa foi, s'il le fallait, *comme sainte Agnès.* Mais il ne croit point devoir provoquer les bourreaux. Quand les galères sarrasines sont sur le point de l'atteindre, un de ses hommes émet l'avis qu'il faut se faire tuer, pour aller tous en Paradis. « *Mais nous le creumes point* », ajoute simplement le sénéchal, qui trouva beaucoup plus sensé de se rendre et de sauver sa vie en se faisant passer pour le cousin du roi.

Ce n'est pas seulement dans les circonstances graves que nous constatons chez Joinville l'esprit pratique du Champenois. En temps ordinaire, il calcule aussi, à sa façon, et, quelque pieux qu'il soit, il est des sacrifices qu'il ne peut se décider à faire, même au ciel. Qu'on ne lui parle pas, par exemple, d'avoir la lèpre. Tout est pour lui préférable à ce malheur.

« Or vous demant-je, lui dit un jour saint Louis, lequel vous ameriés miex, ou que vous fussiés mesiaus, ou que vous eussiez fait un pechié mortel ? — Et je, qui onques ne li menti, li respondi que je en ameroie miex avoir fait trente, que estre mesiaus. Et quant li frere furent parti, il m'appela tout seul et me fist seoir à ses piez et me dist : « Comment me deistes vous hier ce ? » Et je li diz que encore li disoie-je. Et il me dist : « Vous deistes comme hastis musarz, car vous devez savoir que nulle si leide meselerie n'est comme d'estre en péchié mortel, pour ce que l'ame qui est en pechié mortel est semblable au dyable; par quoy nulle si laide meselerie ne puet estre... » (Ch. 4.)

Traduction. « Or je vous demande ce que vous aimeriez mieux, ou d'être lépreux ou d'avoir fait un péché mortel. — Et moi, qui jamais ne lui mentis, je lui répondis que j'aimerais mieux en avoir fait trente que d'être lépreux. Quand les moines furent partis, il m'appela tout seul, me fit asseoir à ses pieds et me dit : « Comment me dites-vous hier cela ? » Et je lui dis que je le disais encore. Et il me dit : « Vous parlâtes en étourdi et en fou ; car il n'y a pas de lèpre aussi laide que d'être en péché mortel, parce que l'âme qui est en péché mortel est semblable au diable ; c'est pourquoi il ne peut y avoir de lèpre si laide... »

Le bon roi continua longtemps encore son sermon. Mais il ne convainquit pas le sénéchal. Il ne semble pas non plus qu'il ait pu l'habituer à l'humilité au point de laver les pieds des mendiants, ce qu'il faisait lui-même. Un jour que saint Louis le chapitrait à cet égard, Joinville s'exclama bien haut qu'il *ne laverait jamais les pieds de ces vilains*. Et il est à croire qu'il tint parole.

S'il y avait un certain degré d'abnégation que notre historien ne voulait pas franchir, il y avait aussi des limites que sa docilité chrétienne se refusait à dépasser. Il respectait l'Eglise et lui obéissait dévotement en matière de foi. Mais il n'admettait pas qu'au temporel elle empiétât sur ses droits. L'évêque de Châlons lui ayant porté dommage, il se fit justice lui-même. Le prélat l'excommunia. Mais Joinville tint bon, plaida devant le roi et, finalement, gagna sa cause.

Les ordres religieux lui paraissaient dignes de respect. Mais il ne croyait point pécher en usant parfois envers eux d'un peu de fermeté. Saint Louis à Damiette avait à payer deux cent mille livres aux Sarrasins. Il lui en manquait trente mille. Joinville conseilla de les emprunter aux Templiers. Mais ceux-ci refusèrent. Ce que voyant, le sénéchal de Champagne les leur prit de force, sans le moindre scrupule. Le paiement fut ainsi complété. Un gentilhomme fit, il est vrai, remarquer au roi qu'on s'était trompé de dix mille livres au préjudice des Sarrasins. Mais Joinville lui marcha sur le pied pour le faire taire et tourna la chose en plaisanterie. Le cas évidemment ne lui paraissait pas pendable.

Notre auteur n'oubliait jamais qu'il était homme et ne cherchait pas à faire l'ange. S'il excluait de sa dévotion les rigueurs inutiles, il n'était pas d'humeur à exclure de sa vie les plaisirs dont son maître se privait systématiquement. Il aimait, à ce qu'il semble, la bonne chère et ne s'en défendait pas. Avant de partir pour l'Orient, il avait, nous dit-il, passé cinq jours de suite en *festes et en quarolles*. En Palestine, il aimait à donner des banquets, sans trop savoir parfois comment il les paierait, et s'efforçait toujours d'avoir bonne cave. Saint Louis ne pouvait l'habituer à mettre de l'eau dans son vin. A ses bons conseils le sénéchal répondait, au nom de ses *physiciens* (ou médecins), qu'ayant *grosse tête et froide fourcelle* (froid estomac), il ne pouvait s'enivrer. Quant au luxe des vêtements, Joinville y tint toujours quelque peu, malgré les aigres remontrances du théologien Robert de Sorbon ; et le roi, qui lui donnait pourtant l'exemple d'une simplicité presque monacale, ne désapprouvait pas trop qu'il fût vêtu *bien et nettement*, pour être mieux aimé de *sa femme et plus prisé de ses gens*.

On comprend qu'avec de tels goûts Joinville n'était point indifférent aux biens de la terre. Sans être ni cupide ni disposé à jamais sacrifier l'honneur à l'argent, il ne dédaignait pas le profit. S'il se mit au service de saint Louis, à Chypre d'abord, plus tard à Saint-Jean-d'Acre, ce ne fut pas sans avoir fait ses conditions ; et l'entourage du roi trouva qu'on le payait un peu cher.

On voit que le sénéchal, tout en restant *prud'homme,* n'avait point l'âme absolument évangélique. C'était un cœur droit et honnête ; mais il n'avait, nous le répétons, aucune prétention au surhumain. Je ne sais si, par exemple, il pardonnait volontiers les injures. Mais il comprenait parfaitement qu'on gardât rancune à son ennemi ; et rien ne le surprit comme la douleur que témoigna la reine Marguerite en apprenant la mort de sa belle-mère Blanche de Castille. Il fut mandé par elle pour la *réconforter.*

« Quant ge ving là, dit-il, je trovai que elle plouroit, et je li dis que voir dit cil qui dit que l'on ne doit femme croire ; « car ce estoit la femme que vous plus haiés qui est morte, et vous en menez tel duel ! » (Ch. 119.)

Traduction. « Quand je vins là, je trouvai qu'elle pleurait et je lui dis qu'il disait vrai celui qui dit que l'on ne doit pas croire aux femmes ; « car c'était la femme que vous haïssiez le plus, et vous en montrez un tel deuil ! »

Cette anecdote fait voir avec quelle liberté le sénéchal parlait à la reine. Il n'en avait pas moins vis-à-vis du roi. Nous l'avons déjà montré par plusieurs citations. Certes il avait pour saint Louis une affection et un dévouement à toute épreuve. Son livre porte à chaque page la trace de l'admiration que lui inspirait son héros. Il exprime en commençant le regret que l'Eglise n'ait pas assez fait pour sa mémoire et ne l'ait pas mis au rang des martyrs. Mais sa vénération pour son maître ne l'avait jamais rendu servile. Joinville voulait bien être vassal docile et fidèle ami, mais il n'avait pas l'âme d'un courtisan. Sans morgue et sans faiblesse, il savait rester debout devant son souverain. Il ne voulut lui prêter serment que lorsqu'il se fut mis à sa solde. Car jusque-là il ne se jugeait lié qu'envers son seigneur immédiat le comte de Champagne. Un jour qu'un de ses chevaliers avait été légèrement bousculé par un sergent du roi, il alla demander justice et menaça nettement de se retirer si on ne lui remettait le coupable, — qu'il renvoya, du reste, sans lui faire de mal. Si les vertus de saint Louis lui paraissaient sans égales, il n'avait peut-être pas la même opinion de ses talents. Il blâme en divers passages ses lenteurs à Chypre et à Damiette, aussi bien que ses dispositions militaires devant Mansourah. Il ne nous cache pas même que son ascétisme, qui allait jusqu'à lui donner les apparences de l'indifférence à l'égard de sa femme et de ses enfants, lui semblait parfois excessif. Le langage qu'il lui tint pour le détourner de sa dernière croisade fut presque sévère. Il lui représenta qu'il se devait avant tout à son peuple. Le bon roi l'écouta, sourit sans doute, mais n'en fit qu'à

Saint Louis.

sa tête. Il faut bien convenir que c'est Joinville qui avait raison.

Il est à croire que le sénéchal de Champagne garda vis-à-vis des successeurs de saint Louis le franc-parler aimable et piquant dont il avait tant de fois usé vis-à-vis de son royal ami. Il ne se gêna pas, par exemple, pour réprimander de son faste Philippe le Hardi, qui s'était fait faire un vêtement de huit cents livres parisis, somme exorbitante pour l'époque (1).

« Et je li diz que il les eust miex emploiés se il les eust donnez pour Dieu et eust fait ses atours de bon cendal enforcié de ses armes, si comme ses pères faisoit. » (Ch. 3.)

Traduction. « Et je lui dis qu'il les eût mieux employées s'il les eût données pour l'amour de Dieu et qu'il eût fait ses atours en bon taffetas garni de ses armoiries, comme son père faisait. »

Plus tard enfin, nous savons que devant les violences et les abus de Philippe le Bel le vieux sénéchal ne courba point la tête. C'est à ce roi despote et *maltôtier* qu'il fait sans doute allusion quand il s'écrie que la canonisation de Louis IX sera pour sa descendance un honneur ou une honte : *Grand honneur à tous ceux de son lignage qui par leurs bonnes œuvres le vou-*

(1) Environ cent mille francs d'aujourd'hui.

dront imiter ; grand déshonneur à ceux de son lignage qui voudront mal faire ; car on les montrera au doigt, et l'on dira que le saint roi dont ils sont descendus n'eût pas voulu faire une si mauvaise action. (Ch. 147.)

Il ne faut rien exagérer. Joinville ne fut ni un frondeur ni un censeur. Mais si une humeur facile et un bon sens tout pratique tempéraient en lui les rigueurs dévotes et les entraînements chevaleresques, une certaine liberté d'âme empêchait son respect et sa docilité de dégénérer en servilisme. En somme, il n'eut pas les vices de son temps ; il en eut les vertus, mais sans en porter aucune jusqu'à l'idéal. Ce ne fut point un saint, ce ne fut point un héros, ce fut un homme de cœur à ses heures, un homme d'esprit toujours et, en somme, une nature bien équilibrée.

CHAPITRE XII

JOINVILLE (*fin*). — SON MÉRITE LITTÉRAIRE.

Joinville n'avait point, à ce qu'il nous semble, la moindre prétention à la renommée d'écrivain. Il ne se fût sans doute jamais avisé de faire un livre, si Jeanne de Navarre ne l'en avait prié et s'il n'eût regardé comme un devoir de célébrer la mémoire du roi dont il se glorifiait d'avoir été l'ami. Bien qu'il eût vécu (surtout à la cour de Champagne) dans un monde relativement lettré, son instruction était plus que médiocre. Il cite une fois l'empereur Titus. Mais c'est dans un passage emprunté à Geoffroy de Beaulieu. Les Grecs et les Romains lui étaient, je pense, assez indifférents ; et je ne crois pas qu'à aucune époque il se fût soucié d'apprendre le *métier* d'historien. C'est à quatre-vingts ans qu'il fit son apprentissage. Il ne faut pas s'étonner que l'âge et l'inexpérience, non moins que sa légèreté naturelle, aient mis quelque désordre dans son ouvrage. Joinville écrivait à la diable (qu'on me passe le mot), attrapant ses souvenirs à mesure qu'ils passaient, s'inquiétant assez peu de les mettre à leur juste place et ne s'apercevant même pas de ses redites. Aussi ne trouve-t-on pas chez lui la correcte ordonnance de Villehardouin, qui va droit à son but et suit son récit sans s'écarter aux fleurs du chemin.

On a pu voir plus haut, par l'analyse de son livre, que le vieux sénéchal n'était pas homme à s'astreindre, malgré son bon vouloir, à un plan régulier. Il veut, dit-il, retracer les vertus de saint Louis avant de nous exposer ses *chevaleries* et son gouvernement. Mais tant s'en faut qu'il ait épuisé son premier sujet quand il passe au second, et il le remarquera si bien qu'il y reviendra vers la fin de l'ouvrage et s'y étendra longuement. Dans le milieu de cette *histoire*, consacrée à la vie du roi, il ne s'aperçoit pas qu'il parle autant et plus de lui-même que de son héros. Louis IX n'est pas toujours au premier plan, tant s'en faut ; car chaque fois que Joinville retrouve un incident de sa propre existence, il ne peut se tenir de nous le conter en détail ; et il en retrouve sans cesse. Qui s'en plaindrait, du reste ? Et quels récits charmants n'eussions-nous pas perdus, s'il se fût moins complu dans cette naïve confession ! Si, d'autre part, son esprit mobile se laisse aller volontiers aux digressions, peut-on lui en faire un reproche? Arrivé à Damiette, il trouve tout naturel d'écrire plusieurs pages sur le Nil, son cours, ses sources mystérieuses, ses débordements. Il a eu affaire aux Bédouins devant Mansourah : vite il nous dit ce qu'il sait sur ce peuple nomade. Il repasse par Damiette : ne faut-il pas qu'il nous instruise de ce que la reine a pu faire en cette ville pendant son absence et celle du roi? Arrivé à Saint-Jean-d'Acre, il voit les envoyés du *Vieux de la Montagne,* et naturellement il nous dépeint les mœurs farouches que ce chef entretient parmi ses sujets. Puis il part en imagination pour le pays des Tartares. Dieu sait tout ce qu'il y voit d'étrange et de merveilleux! Si le roi le mène à Jaffa, cette ville lui rappelle Gauthier de Brienne, comte de Jaffa, mort depuis huit ans et dont il s'empresse de nous conter les belles actions. Parfois aussi lui revient en mémoire un fait omis dans un récit antérieur et qui n'est plus en son lieu. Qu'à cela ne tienne, il a trop envie de nous le dire pour le laisser perdre ; et nous aurons trop de plaisir à le lire pour lui en vouloir. D'autre part, l'excellent vieillard oublie souvent, en nous contant une histoire, qu'il nous l'a déjà dite. A-t-il pris la peine de se relire? Ce n'est pas sûr. En tout cas, il se répète sans y prendre garde, et nombre de détails, que nous pourrions indiquer, se trouvent au moins deux fois dans son ouvrage (1).

Il ne faut pas, on le voit, chercher dans Joinville l'art de composition que demande un récit historique de longue haleine. Mais notre auteur est passé maître dans l'anecdote. Personne n'en a écrit de plus vives, de plus lestement *enlevées* que les siennes. Son œuvre n'est pas une grande toile épique, comme celle de Villehardouin. C'est une série de tableaux de genre, où le sérieux ne manque pas, mais où il est toujours tempéré, éclairci par cette qualité distinctive de Joinville qui s'appelle la bonne humeur.

La bonne humeur, c'est là, sans conteste possible, le fond de son talent. Presque jamais elle ne lui fait défaut. Joinville, c'est l'enjouement fait homme. Le péril, dont il a grand'peur, ne le rend pas chagrin, et, même quand il pleure, on sent qu'il va sourire. Au pont de Mansourah, quand les Sarrasins l'assaillaient en hurlant et semblaient sur le point de l'accabler, son cousin le comte de Soissons lui disait gaiement : « Sénéchal, laissons crier cette canaille, et, par la coiffe-Dieu, nous parlerons encore de cette

(1) V. notamment les passages relatifs au péril de mort affronté par saint Louis (ch. 2, 35, 61, 122, 123) ; — au sermon de Hugues de Digne (ch. 11 et 132) ; — aux menaces de Dieu (ch. 7, 122, 125) ; — au fatalisme oriental (ch. 51 et 90) ; — à Richard Cœur-de-Lion (ch. 17 et 108), etc.

journée dans les chambres des dames. » (Ch. 49.) Joinville était fait pour comprendre un pareil langage. Dans les occasions les plus graves, il avait, lui aussi, le mot piquant et gai. Une nuit que son navire avait touché et semblait sur le point de sombrer, il était monté en toute hâte sur le pont, où il faisait froid, et comme un de ses serviteurs s'empressait de lui porter un manteau fourré: « Qu'ai-je à faire de votre surcot, lui cria-t-il, puisque nous nous noyons? » (Ch. 122.) Précédemment, au moment de débarquer devant Damiette et de charger les mamelucks, il avait imaginé un assez plaisant moyen de réconcilier deux de ses chevaliers, qui s'étaient brouillés et refusaient de faire la paix. Il leur déclara que, s'ils ne redevenaient sur-le-champ bons amis, il ne les prendrait point dans sa barque et ne les mènerait pas à l'ennemi. Le succès de son expédient fut immédiat.

On n'a pas de peine à croire qu'il avait en conversation de l'à-propos, du piquant, ce je ne sais quoi de spirituel et de plaisant que nous appelons de *l'humour*.

« Sire, disait-il un jour à Louis IX, il a là hors un grant peuple de la grant Hermenie, qui vont en Jerusalem, et me proient, Sire, que je lour face moustrer le saint roy ; mais je ne bé jà à baisier vos os... » (Ch. 110.)

TRADUCTION. « Sire, il y a là dehors une grande foule de la grande Arménie, qui va en Jérusalem ; et ils me prient, Sire, que je leur fasse voir le saint roi ; mais je ne désire pas encore baiser vos os. »

Cette vivacité, cet entrain, déridaient saint Louis, d'ordinaire fort grave et même un peu larmoyant. Les reparties vives et parfois malicieuses du sénéchal lui paraissaient en certain cas de bonne guerre. Nous avons rapporté plus haut le mot de Joinville sur les *poulains* et les *roussins fourbus* (1). Sans être méchant, notre auteur avait la riposte prompte et ne se laissait guère taquiner. Robert de Sorbon, le théologien, avec lequel saint Louis aimait souvent à le mettre aux prises, eut un jour à se repentir de l'avoir repris un peu aigrement sur la richesse de ses vêtements.

« Je vous veil demander, lui disait ce grave personnage, se li roys se séoit en cest prael, et vous aliez seoir sur son banc plus haut que li, se on vous en deveroit bien blasmer. » — Et je li diz que oil. Et il me dist : « Dont faites vous bien à blasmer, quant vous estes plus noblement vestus que li roys; car vous vous vestez de vair et de vert, ce que li roys ne fait pas. » — Et je li diz : « Maistres Roberz, sauve vostre grace, je ne fais mie à blasmer, se je me vest de vert et de vair ; car cest abit

(1) V. p. 145.

me lessa mes pères et ma mère ; mais vous faistes à blasmer, car vous estes fils de vilain et de vilaine, et avez lessié l'abit vostre père et vostre mère, et estes vestus de plus riche camelin que li roys n'est... » (Ch. 6.)

TRADUCTION. « Si le roi s'asseyait dans ce préau, et si vous alliez vous asseoir sur son banc plus haut que lui, je veux vous demander si on vous devrait bien blâmer. » — Et je lui dis que oui. Et il me dit : « Donc vous faites chose bien à blâmer, car vous êtes plus noblement vêtu que le roi ; car vous vous vêtez de fourrures et de drap vert, ce que le roi ne fait pas. » Et je lui dis « : Maître Robert, sauf votre permission, je ne fais rien à blâmer si je me vêts de fourrures et de drap vert ; car c'est l'habit que me laissèrent mon père et ma mère. Au contraire, vous faites chose à blâmer ; car vous êtes fils de vilain et de vilaine, et avez laissé l'habit de votre père et de votre mère, et êtes vêtu de plus riche camelin que le roi ne l'est. »

Joinville est donc foncièrement spirituel et gai. Mais on se tromperait si l'on croyait qu'en lui l'esprit étouffe le cœur. Cet aimable causeur ne manque pas de sensibilité. Il a parfois des émotions tristes ou tout au moins des attendrissements, qui ne durent pas, il est vrai, mais qu'il sait traduire sous la forme à la fois la plus simple et la plus touchante. Quand il partit pour la croisade, il fit coup sur coup deux pèlerinages et, en allant du premier au second, il se trouva près de son château, qu'il venait de quitter. Mais, nous dit-il,

« Je ne voz onques retourner mes yex vers Joinville, pour ce que li cuers ne me attendrisist dou biau chastel que je lessoie et de mes dous enfans... » (Ch. 27.)

Traduction. « Je ne voulus jamais retourner mes yeux vers Joinville, de peur que le cœur ne m'attendrît pour le beau château que je laissais et mes deux enfants... »

Voyez aussi avec quelle douleur discrète et d'autant plus saisissante il nous conte la mort d'un pauvre prêtre attaché à son service devant Mansourah. C'était pendant l'épidémie qui décimait l'armée des croisés.

« Il avint ainsi que mes prestres me chantoit la messe devant mon lit en mon paveillon, et avoit la maladie que j'avoie. Or avint ainsi que en son sacrement il se pasma. Quant je vi que il vouloit cheoir, je, qui avoie ma cote vestue, sailli de mon lit tout deschaus, et l'embraçai, et li deis que il feist tout à trait et tout belement son sacrement ; que je ne le lairoie tant que il l'averoit tout fait. Il revint à soi, et fist son sacrement et parchanta sa messe tout entièrement, *ne onques puis ne chanta...* » (Ch. 60.)

Traduction. « Il advint que mon prêtre me chantait la messe devant mon lit en mon pavillon ; et il avait la maladie que j'avais. Or, il advint qu'en faisant la consécration, il se pâma. Quand je vis qu'il voulait choir, moi, qui avais vêtu ma cotte, je sautai de mon lit sans être chaussé, et je le pris dans mes bras, et je lui dis qu'il fît tout à loisir et tout bellement sa consécration, que je ne le laisserais pas jusques à tant qu'il l'eût toute faite. Il revint à lui, et fit sa consécration et acheva de chanter la messe bien entièrement ; *et jamais depuis il ne la chanta.* »

Joinville excelle à rendre ainsi, en quelques mots, sans métaphores et sans étalage, les scènes tristes dont il a été frappé. Après la première bataille de Mansourah, le roi demande des nouvelles de son frère le comte d'Artois. On lui répond qu'il est en Paradis et on cherche à le consoler par la pensée de la grâce que le ciel vient de lui faire en lui accordant la victoire.

« Et li roys, dit Joinville, respondi que Diex en fut aourez de tout ce que il li donnoit ; et lors li chéoient les lermes des yex mout grosses... » (Ch. 50.)

TRADUCTION. — « Et le roi répondit que Dieu fût adoré pour tous les dons qu'il lui faisait ; et alors les larmes lui tombaient des yeux bien grosses... »

On voit par la double série d'exemples que je viens de citer que si notre historien n'est pas un mélancolique, ce n'est pas non plus un indifférent. Son habituelle gaîté n'est pas chez lui un signe de sécheresse. Tout ce qui est grand et dramatique le frappe vivement, et il le rend comme il l'a vu. Les impressions les plus variées se succèdent avec rapidité dans son âme; et il les traduit avec une prestesse et une flexibilité d'esprit singulières. Tous ses récits de batailles seraient à citer. Il y a mis un entrain si naturel, une chaleur si communicative, que nous croyons marcher avec lui à l'assaut et ressentir comme lui tout le feu du combat. Quand il nous conte le débarquement des croisés devant Damiette, tout est devant nos yeux, les chaloupes volant sur les flots, le roi se jetant à l'eau tout armé, pour arriver plus vite, les mamelucks chargeant les chrétiens à mesure qu'ils touchent terre, et Joinville lui-même avec ses hommes, la lance fichée en terre, attendant de pied ferme l'attaque des Sarrasins.

« À nostre main senestre, dit-il, arriva li cuens de Japhe. Ce fu cil qui plus noblement ariva; car sa galie ariva toute peinte dedens mer et dehors, à escussiaus de ses armes, lesquex armes sont d'or, à une croiz de gueules patée; il avoit bien trois cens nageours en sa galie, et à chacun de ses nageours avoit une targe de ses armes, et à chascune targe avoit un pennoncel de ses armes battu à or. Endementières que il venoient, il sembloit que la galie voloit, par les nageours qui la contreingnoient aus avirons, et sembloit que foudre cheist des ciex, au bruit que li pennoncel menoient, et que li nacaire, li tabour et li cors sarrazinois menoient, qui estoient en sa galie. Sitost comme la galie fu ferue ou sablon si avant comme l'on i pot mener, et il et sui chevalier saillirent de la galie moult bien armés et moult bien atirié, et se vindrent arangier de coste nous... » (Ch. 34.)

TRADUCTION. « À notre main gauche aborda le comte de Jaffa... Ce fut celui qui aborda le plus noblement; car sa galère aborda toute peinte, dedans et dehors, d'écussons à ses armes, lesquelles armes sont d'or à une croix de gueules patée. Il avait bien trois cents rameurs dans sa galère, et pour chaque rameur il y avait un pennon à ses armes en or appliqué. Pendant qu'ils venaient, il semblait que la galère volât, par les rameurs qui la poussaient à force d'avirons; et il semblait que la foudre tombât des cieux au bruit que menaient les pennons, les timbales, les tambours et les cors sarrasinois qui étaient dans la galère. Sitôt que la galère fut entrée dans le sable aussi avant que l'on put l'y mener, et lui et ses chevaliers sautèrent de la galère très bien armés et en très bel attirail, et se vinrent arranger près de nous. »

C'est par ce tableau si mouvementé, si brillant, que nous clorons cette étude sommaire sur l'œuvre de Joinville. Nous n'avons pas eu la prétention de mettre en relief toutes ses qualités littéraires, non plus que tous ses défauts. C'est par les traits principaux, mais en les retraçant fidèlement, que nous avons cherché à reproduire la physionomie de l'écrivain, comme celle de l'homme et celle de l'historien. Notre conclusion, c'est que si Joinville n'est pas un critique, et que s'il n'est pas un héros, il n'est pas non plus un écrivain de premier ordre, mais que la verve et l'esprit lui ont tenu lieu de l'art, et que si son ouvrage n'est pas le mieux ordonné des livres, c'est du moins la plus ravissante des causeries.

TABLE DES MATIÈRES

TABLE DES GRAVURES

POITIERS. — TYP. OUDIN.

www.ingramcontent.com/pod-product-compliance
Ingram Content Group UK Ltd.
Pitfield, Milton Keynes, MK11 3LW, UK
UKHW020450200726
13857UKWH00002B/648